FACULTÉ DE DROIT DE TOULOUSE

SÉNATUS-CONSULTE VELLÉIEN

EN DROIT ROMAIN.

L'INCAPACITÉ LÉGALE DE LA FEMME MARIÉE

EN DROIT FRANÇAIS

[THÈ]SE POUR LE DOCTORAT

SOUTENUE

Par M. Joseph MOULAS, Avocat

Né à Toulouse (Haute-Garonne).

TOULOUSE
[IM]PRIMERIE Louis et Jean-Matthieu DOULADOURE
Rue Saint-Rome, 39

1873

FACULTÉ DE DROIT DE TOULOUSE

DU SÉNATUS-CONSULTE VELLÉIEN

EN DROIT ROMAIN

DE L'INCAPACITÉ LÉGALE DE LA FEMME MARIÉE

EN DROIT FRANÇAIS

THÈSE POUR LE DOCTORAT

SOUTENUE

Par M. Joseph MOULAS, Avocat

Né à Toulouse (Haute-Garonne).

TOULOUSE
Imprimerie Louis & Jean-Matthieu DOULADOURE
Rue Saint-Rome, 39

1873

40296

FACULTÉ DE DROIT DE TOULOUSE.

MM. DUFOUR ✳, doyen, *professeur de Droit commercial.*
RODIÈRE ✳, *professeur de Procédure civile.*
MOLINIER ✳, *professeur de Droit criminel.*
BRESSOLLES ✳, *professeur de Code civil.*
MASSOL ✳, *professeur de Droit romain.*
GINOULHIAC, *professeur de Droit français, étudié dans ses origines féodales et coutumières.*
HUC, *professeur de Code civil.*
HUMBERT, *professeur de Droit romain, en congé.*
ROZY, *professeur de Droit administratif.*
POUDELLE, *professeur de Code civil, en congé.*
BONFILS, agrégé, *chargé de cours.*
ARNAULT, agrégé, *chargé du cours d'Économie politique.*
DELOUME, agrégé, *chargé de cours.*
CONSTANS, agrégé.
LAURENS, agrégé.
PAGET, agrégé.

M. DARRENOUGUÉ, Officier de l'Instruction publique, Secrétaire Agent comptable.

Président de la thèse: M. BRESSOLLES.

Suffragants.
{
MM. RODIÈRE,
GINOULHIAC,
ROZY,
PAGET,
}
Professeurs.

Agrégé.

La Faculté n'entend approuver ni désapprouver les opinions particulières du candidat.

Régler la condition civile de la femme est l'un des problèmes les plus difficiles et les plus délicats de la science du Droit. Il s'impose à tout législateur, et au fond de toutes les réformes sociales se rencontre un nouveau système sur la condition des femmes. Si les lois se sont faites sans le concours de la femme, si elles lui ont refusé, sauf dans de rares peuplades à l'existence peut-être légendaire, toute participation à la vie publique, si elles l'ont frappée d'incapacité dans la sphère du Droit privé, ces mêmes lois n'ont cependant pu échapper à l'influence latente exercée par la femme sur les mœurs. Secrète, mais irrésistible, la puissance de ce sexe, si faible en apparence, se répand sur la société tout entière. Le législateur la subit à son insu, et son œuvre porte la trace sensible des conditions diverses que font à la fille, à la femme, à la mère, la pureté ou le relâchement des mœurs, la servitude ou la liberté.

Mais cette importante question présente des aspects

trop multiples, offre des horizons trop étendus, exige des connaissances trop variées pour que nous voulions l'entreprendre ; sa sphère dépasse de beaucoup les limites plus restreintes d'une thèse de doctorat, et nous n'avons ni la maturité d'esprit ni l'érudition nécessaires pour oser traiter un semblable sujet, après les remarquables travaux de MM. Gide et Laboulaye (1).

Notre ambition est plus modeste ; il nous suffira de puiser dans cette mine féconde deux sujets purement juridiques. En Droit romain, le sénatus-consulte Velléien ; dans notre législation moderne, l'incapacité de la femme mariée nous offrent d'intéressants sujets d'étude. L'examen de notre ancien Droit français nous permettra d'indiquer par quelles transformations et sous quelles influences la législation romaine a perdu de ses traits caractéristiques et est venue se fondre dans un système éclectique, que la logique peut critiquer, mais qu'expliquent les traditions historiques.

Nous diviserons donc cette thèse en trois parties principales.

(1) Gide, *Etude sur la condition privée de la femme.*
Laboulaye, *Recherches sur la condition civile et politique de la femme.*

DROIT ROMAIN

1. « Le sénatus-consulte Velléien n'est pas, dit M. Gide, un accident législatif dû au caprice d'un prince ou aux exigences d'un moment. Il remonte par ses origines aux premiers âges de l'histoire, de même que, par son influence persistante, il se perpétue jusqu'à nos jours. » Pour comprendre la portée de cette œuvre législative, le but auquel elle tendait, les dangers qu'elle devait prévenir, l'étude de l'état de choses antérieur est indispensable. Les législations durables se rattachent toujours invinciblement au passé et lui empruntent souvent autant qu'au présent leur cause et leur raison d'être.

Appliqué à une civilisation modifiée, à des mœurs bien différentes de celles du temps des Scipion et des Caton, le sénatus-consulte Velléien se rattache néanmoins avec force à la tradition historique. L'antique génie de la race, dur pour la femme, se révèle encore dans cette œuvre faite pour un peuple amolli par le contact de la Grèce et de l'Orient. Un aperçu rapide de la législation précédente fera mieux comprendre l'opportunité de la proposition de Marcus Silanus et de Velléius Tutor.

2. Nous ne décrirons pas en détail la condition de la femme romaine sous la république ; le cadre de ce travail se refuserait à de tels développements ; nous nous contenterons d'exami-

ner la situation faite à la femme dans ce qui est relatif à la faculté de *s'obliger*. Nous ne toucherons les autres points qu'à raison de leur contact avec celui qui va nous occuper.

Première Partie.

Législation antérieure au Sén. Con. Velléien.

3. Laissons à l'écart la période primitive ; c'est l'époque légendaire où les ténèbres abondent , où les conjectures prennent la place de la réalité. Ici, tout ce qu'on peut oser sans témérité , c'est d'admettre que dans Rome naissante, comme à l'origine de toute civilisation , la puissance du père de famille était absolue sur la femme, les enfants et les biens. Dans quelle mesure les mœurs venaient-elles tempérer cette sujétion, c'est ce qu'il est à peu près impossible de déterminer. Les textes juridiques ou littéraires se rapportent tous à une époque postérieure à la loi des XII tables, à cette époque que les *prudentes* considéraient comme le point de départ de la législation.

A partir de la promulgation de ce texte célèbre, dont quelques fragments nous ont été conservés, il est possible de suivre les modifications qu'a subies la capacité de la femme.

Dans la Rome républicaine la femme n'est jamais indépendante. Elle est toujours placée sous la puissance de son père ou de son mari, ou sous l'autorité d'un tuteur.

4. *Fille*, la femme est placée sous l'autorité absolue du *paterfamilias*. Elle n'a pas de biens à elle propres ; tous ceux qui

entrent dans la *familia* ne forment qu'un seul patrimoine, dont
le père est le chef et le maître absolu. La fille n'a que l'espérance d'une part à recueillir dans la succession paternelle, part
qu'une exhérédation pourra lui enlever.

5. Mais la fille peut-elle, comme le fils, disposer tacitement
et par avance de cette part future en contractant des obligations? Cette part pourra-t-elle entrer comme biens à venir
dans le gage général des créanciers? Elargissons la question et
demandons-nous si la *filiafamilias* peut s'obliger.

Impubère, la fille ne pourra pas plus s'obliger, que ne le peut
le fils. Si le pupille peut, *tutore auctore*, s'obliger, c'est qu'il a
un patrimoine dont l'administration nécessite l'accomplissement de certains actes juridiques. Le fils ou la fille impubères
n'auront pas cette faculté, même avec le concours du père,
parce que la nécessité de pareils actes n'existe jamais pour ceux
qui n'ont pas de patrimoine (1).

Pubère, la *filiafamilias* peut-elle souscrire sans aucune
autorisation un engagement valable? La question est depuis longtemps controversée. L'affirmative est adoptée par MM. Gide et de
Savigny (2). Cujas et Rudorff ont préféré, avec raison, croyons-
nous, la solution négative. Leurs adversaires s'appuient sur
deux textes bien probants tous les deux ; la loi 9, §2, D. de s. c.
Mac. 14, 6, déclare que la *filia* peut invoquer, contre le préteur
de deniers, l'exception du sénatus-consulte Macédonien, donc,
dit-on, elle peut s'obliger. La loi 141, § 1, D. *de verb. oblig.*
fournit un double argument en faveur de l'affirmative.

6. Cette opinion paraît à première vue irréfutable; mais elle
a un grave défaut; celui d'appliquer des textes à une époque
antérieure à celle de leur rédaction. Qu'au temps de Gaius et
d'Ulpien la *filiafamilias* puisse seule s'obliger, qu'elle puisse
engager tacitement ses biens futurs, qu'elle soit assimilée en

---

(1) L. 141, § 2, D. de verb. oblig. 45, 1.
(2) Gide, l. c., p. 113. — De Savigny, traité de droit romain, t. ii, § 67.

ce point au *filiusfamilias* (sauf le cas d'*intercessio*), rien ne s'y oppose ; la tutelle perpétuelle des femmes n'existe plus au profit de leurs agnats. Gaius nous dit que, si un tuteur vient encore *interponere auctoritatem*, il peut être obligé par le Préteur, sur la demande de la femme à donner son consentement ; il n'est donc pas étonnant que la *filiafamilias* soit, à cette époque, capable de s'obliger, puisque, au fond des choses, la femme *sui juris* jouit de la même capacité. Mais comment croire qu'à une époque où la femme *sui juris* ne pouvait s'engager qu'avec l'assentiment d'un tuteur sérieux et intéressé, son plus proche agnat et son futur héritier, comment croire que la *filiafamilias* ait pu s'obliger? On voulait empêcher la femme libre de dissiper le patrimoine qui devait revenir à ses agnats, de l'appauvrir par ses dettes, « *ne suscepto ære alieno minus locuples ad eos hereditas perveniat* (1) », et cet appauvrissement, elle aurait pu le produire à l'avance, en s'obligeant comme *filiafamilias* ! C'est là une contradiction difficile à admettre et tout à fait incompatible avec l'esprit pratique des juristes romains.

Du reste, cette contradiction a frappé M. Gide. « Pourquoi, se demande le savant auteur, la femme, capable de s'obliger, tant qu'elle est sous le pouvoir d'un père, devient-elle incapable dès qu'elle est affranchie de ce pouvoir? Dans les deux cas, évidemment, sa légèreté, sa faiblesse est la même; l'unique différence, la voici : la fille en puissance paternelle n'a point de biens, et, en s'obligeant, elle ne peut obliger que sa personne, mais la fille orpheline ou émancipée a un patrimoine ; si elle s'obligeait, elle engagerait son patrimoine et nuirait par là à sa famille, à ses futurs héritiers. »

Le raisonnement de l'honorable professeur ne nous a pas convaincu. Le Droit romain aurait-il repoussé le principe que, celui qui s'oblige, engage ses biens à venir. La fille, qui oblige sa personne, oblige son patrimoine futur. Il ne peut en être autrement, sinon la créance serait irréalisable à jamais. Les

(1) Gaius I, 192.

Romains avec leurs principes n'auraient pas admis l'existence d'une dette sans résultat possible. Que serait un créancier sans moyen d'exécution sur les biens? Objectera-t-on que, la personne seule étant engagée, la créance n'est pas dépourvue d'effet, car le créancier peut recourir à l'*addictio*? Nous répondrons que l'*addictio* d'un *filius* ou d'une *filiafamilias* est impossible; elle entraînerait la perte d'une partie des droits de puissance paternelle, perte qui ne peut avoir lieu sans le consentement du *paterfamilias*. C'est ainsi que, à une époque postérieure, la fille ne devient pas esclave, par application du sénatus-consulte Claudien, sans l'assentiment du père. Comment, sous la république, pourrait-elle être *addicta* par l'effet de sa seule volonté? Donc, de deux choses l'une, ou la *filiafamilias* peut s'obliger, engager ses biens à venir et porter atteinte aux droits de ses futurs héritiers, ou bien il faut reconnaître qu'elle ne peut pas contracter de dettes, et que son incapacité sera, contre sa facilité, la seule sauvegarde de son patrimoine.

Dira-t-on que le *filiusfamilias* peut s'obliger et que la *filia* doit être traitée comme lui? L'assimilation ne nous paraît pas exacte. Le fils, devenu *sui juris*, aura plus tard la disposition de ses biens; donc sa dette antérieure pourra être tout à la fois exécutée sur sa personne et sur ses biens, tandis qu'à l'égard de la fille l'*addictio* seule serait possible, quand elle serait devenue *sui juris*. Nous croyons donc que cette absence de gage futur doit faire considérer, dans l'ancien Droit romain, la fille comme incapable de s'obliger. Les textes invoqués se rapportent à une époque très-postérieure, à laquelle la tutelle des femmes était devenue une institution puérile et dérisoire. Au temps d'Ulpien, la femme *sui juris* peut, avec un peu d'adresse, forcer son tuteur à autoriser ses engagements, pourquoi refuser alors à la *filiafamilias* la faculté de s'obliger? À l'appui de l'opinion que nous venons de défendre ont été invoqués divers textes; ils n'ont pas une grande force probante, aussi n'en parlerons-nous pas.

7. *Femme in manu*. — Dans l'ancienne Rome, la *manus martti* est une suite inévitable du mariage. Celui-ci a pour toujours détruit les liens civils de l'épouse avec sa propre famille. Par l'effet de la *manus* la femme sort de la puissance paterternelle, ou perd sa qualité de *sui juris*, pour retomber sous la puissance maritale. Elle n'aura, désormais, d'autre famille que celle de son époux. Cette *capitis deminutio* ne s'opère qu'avec le consentement du *paterfamilias*. S'il perd tout droit sur les biens par lui donnés à sa descendante, l'aliénation ne dépend que de sa volonté. Le consentement des agnats de la fille, placés sous la même puissance, n'est ni nécessaire, ni possible, car ils n'ont aucun droit sur le patrimoine.

8. Mais la future épouse est-elle *sui juris*, le mariage accompagné de *manus* va fatalement anéantir les droits héréditaires éventuels de ses agnats, de ses tuteurs. La femme pourra-t-elle seule, par une *conventio in manum*, produire ce résultat? Non, le but de la tutelle serait manqué, le patrimoine de la famille passerait à des étrangers sans l'assentiment de ses chefs. Cependant, conférer aux tuteurs ce droit de consentir ou de s'opposer à un mariage qui les dépouille, ne sera-ce pas condamner la femme *sui juris*, riche et opulente, à un inévitable célibat? La difficulté était grave, voici comment elle fut résolue. On sépara deux institutions primitivement inséparables, le mariage et la *manus*. A côté de l'antique et solennelle union, on admit un mariage purement consensuel, soumettant la personne de la femme à l'autorité du mari, mais laissant le patrimoine sous la tutelle des agnats. Ces deux formes de mariage coexistèrent longtemps. La première répondait à de légitimes besoins, car la *confarreatio* seule donnait aux enfants issus du mariage l'aptitude à être pontife de Mars, de Jupiter, ou à être vestale (1).

Ainsi, pour la femme mariée, trois situations sont possi-

____

(1) Galus i, 112.

bles : elle peut, ou rester *filiafamilias* et sous la puissance paternelle, ou tomber *in manu mariti*, ou rester *sui juris* et soumise à la tutelle légitime de ses agnats.

9. Quelle sera la capacité de la femme *in manu mariti*? La *manus* fait entrer la femme dans la famille du mari, Gaius et Ulpien nous disent qu'elle y est *loco filiæ*. Nous croyons, avec M. Gide, que cette expression n'a trait qu'aux biens et non à l'état de la personne même (1). Le mari ne peut disposer de la personne de sa femme comme le père peut disposer de celle de sa fille; il ne peut ni la vendre, ni la donner en adoption, ni en faire l'abandon noxal; enfin Gaius établit entre la *filia* et la femme *in manu*, une différence caractéristique qui ne peut s'expliquer, si l'on applique ces mots *loco filiæ* à la personne elle-même (2).

Quant aux biens, l'analogie entre la fille et la femme *in manu* est complète. Les biens actuels de la femme, ceux qu'elle acquerra par la suite grossissent le patrimoine du mari; la femme prend place parmi les héritiers présomptifs de celui-ci. Cette femme pourra-t-elle s'obliger? Nous retrouvons ici la controverse établie à propos de la *filiafamilias*; l'argumentation des partisans des diverses opinions restant la même, nous ne la reproduisons pas. Si donc la femme *in manu* ne peut s'obliger, nous comprendrons très-bien qu'avant Auguste le législateur n'ait pas eu besoin de s'occuper de l'intercession des femmes en faveur de leur mari. Un pareil acte suppose un patrimoine distinct et propre à la femme, une dot dans le vrai sens du mot, c'est-à-dire restituable au décès du mari ou après le divorce. Cette dot paraît impossible à l'égard de la femme *in manu*. Aussi faut-il attendre les derniers temps de la république pour trouver et l'institution de la dot, et la prohibition d'intercéder pour le mari. Jusque alors le danger n'a pu naître, la femme n'ayant pas de patrimoine séparé.

(1) Gide, p. 133.
(2) Gaius ii, 89, 90.

10. Si nous résumons la situation juridique faite à la femme *in manu* et à la *filiafamilias*, nous les voyons toutes les deux réléguées dans l'intérieur de la demeure, honorées dans la famille, mais exclues de toute participation aux affaires publiques, étrangères aux actes de la vie civile, à l'administration du patrimoine du père et de l'époux. Par leur sujétion, la femme et la fille sont impuissantes à figurer dans les actes juridiques, et les vieux romains peuvent dire avec une entière vérité : « *non est æquum eas virilibus officiis fungi.* »

11. Passons à la troisième situation : la femme, fille ou veuve, est *sui juris*. Aura-t-elle la libre disposition de son patrimoine et pourra-t-elle s'obliger par sa seule volonté? Non, elle est soumise, pendant toute sa vie, à une tutelle particulière, et elle ne peut accomplir certains actes importants qu'avec l'*auctoritas tutoris*. Quelques personnes ont considéré la tutelle perpétuelle des femmes, comme une institution toute spéciale et particulière au Droit romain. Il serait peut-être plus vrai de dire qu'il n'y a là qu'un fait social souvent reproduit, sous diverses formes sans doute, mais commun à bien des civilisations, fait qui résulte forcément de certaines constitutions politiques et de l'origine de la propriété.

12. Dans toute société aristocratique et fondée, comme celle de Rome primitive, sur la conquête, il a fallu veiller à la conservation et à la défense des biens patrimoniaux, à la perpétuité du culte des ancêtres, au respect des antiques coutumes. La famille et l'État sont intéressés au maintien des fortunes, car d'elles dépendent le pouvoir et l'influence politique, ainsi que la splendeur du nom. Mais la sauvegarde de ces intérêts, l'accomplissement de ces devoirs exigent chez le détenteur du patrimoine, primitivement, la force physique et l'habitude des armes pour défendre le sol nouvellement conquis, plus tard, la maturité d'esprit et l'autorité de caractère. Or, les femmes, par leur nature physique, et ajoutons aussi par leur passage naturel dans une famille étrangère à l'aide du mariage, sont essentiel-

lement inhabiles à remplir ces devoirs sociaux. Aussi chez les Germains et les Lombards, le *mundium*, au moyen âge, la tutelle féodale, remplissent le rôle politique de la tutelle perpétuelle des femmes romaines; *virilibus officiis eas fungi non est æquum.*

A une époque postérieure, quand la démocratie dans sa marche envahissante aura atteint et détruit la vieille contitutution, pour venir finalement se soumettre au joug des Césars, la tutelle des femmes perdra sa raison d'être, et il ne restera plus que cette ancienne maxime, que le sénat appliquera à une situation nouvelle; le fond sera transformé, mais la formule restera.

13. Le principe de cette tutelle n'est pas dans l'intérêt de la femme, mais dans celui du tuteur. Vainement Ciceron et Ulpien nous disent-ils que la loi a mis les femmes en tutelle à cause de la faiblesse de leur sexe, de leur ignorance et de leur légèreté (1). Gaius, retrouvant le véritable sens des institutions aristocratiques, indique les traditions et dit nettement que l'opinion vulgaire se trompe, et que la tutelle a été établie dans l'intérêt des tuteurs eux-mêmes, afin que la femme, dont ils sont les héritiers présomptifs, ne puisse leur ravir son hérédité par un testament, ni l'appauvrir en contractant des dettes (2).

14. En dehors de ces actes, le droit d'administration de la femme reste entier; elle peut acquérir, disposer des fruits de ses biens, éteindre ses dettes, prêter, recouvrer ses créances. Un seul acte lui est interdit : le testament (3); son but unique, c'est le dépouillement de la famille : ce testament irait à l'encontre du but de la tutelle et le tuteur ne saurait y consentir, car il sacrifierait les intérêts de sa famille. Les actes entre-vifs, qui produisent directement ou indirectement la diminution du

---

(1) Cic. *pro Murena.* — Ulp. *reg.* 11, 1.
(2) Gaius i, 192.
(3) Cette règle même souffrait exception à l'égard de certaines personnes; Gaius i, 115.

patrimoine, pourront être accomplis avec l'intervention du tuteur.

Si donc la femme ne peut s'obliger dans son propre intérêt *sine tutoris auctoritate*, à plus forte raison ne pourra-t-elle pas s'engager pour autrui, et la diposition du sénatus-consulte Velléien, n'est pas encore nécessaire, car le danger qu'il veut prévenir, ne peut pas exister ; il est à présumer, en effet, que le tuteur n'autorisera pas un acte nuisible au patrimoine de la femme, comme l'est l'*intercessio*.

15. Mais cette antique législation va disparaître. Les mœurs s'amollissent et se corrompent au contact de la Grèce et de l'Orient ; des hommes nouveaux, des affranchis envahissent la cité ; l'ancienne noblesse patricienne disparaît au milieu des guerres civiles et des proscriptions, et avec elle s'évanouissent le culte des ancêtres, l'esprit de famille et l'attachement aux mœurs du passé ; les anciennes *gentes* sont disssoutes, et l'agnation perd de son énergie ; enfin, conséquence de ce nouvel état de choses, la *manus* et la tutelle vont recevoir de rudes atteintes et la femme acquérir une indépendance nouvelle.

Le mariage n'est plus indissoluble ; or la *manus* est inconciliable avec le divorce ; la femme doit avoir désormais un patrimoine séparé, qui lui permette de courir à de nouvelles unions et le régime dotal est créé.

16. Mais, si la femme mariée a un patrimoine propre, l'ancienne impossibilité de s'obliger va disparaître avec sa cause, l'absence de biens. La femme devient capable de s'engager efficacement. Cette dot, que la loi *Julia de adulteriis* va protéger contre la dissipation du mari, ne faudra-t-il pas la défendre aussi contre les entraînements de la femme ? D'un autre côté, la tutelle des femmes suit dans leur décadence les autres pouvoirs de la famille. De nouveaux tuteurs viennent remplacer les tuteurs légitimes. Ce sont d'abord les tuteurs testamentaires, dont le choix pourra être laissé à la femme elle-même, tuteurs pour la forme et ne servant en réalité qu'à éluder les règles de la

vraie tutelle des agnats (1). Puis viendront les tuteurs datifs, nommés par le magistrat et à l'aide desquels la femme s'affranchira de la tutelle légitime (2). On imaginera enfin un expédient par lequel la femme substituera des tuteurs de son choix à ses agnats ; à l'aide d'une *conventio in manum*, les liens d'agnation seront rompus ; puis le *coemptionator* renoncera à son pouvoir et la femme se trouvera placée sous sa tutelle. Si ce tuteur nouveau refuse plus tard de l'autoriser, le Préteur l'y contraindra (3).

17. La tutelle légitime devait succomber avec les anciennes institutions. Auguste affranchit de toute tutelle la femme mère de plusieurs enfants : Claude supprime la tutelle légitime des agnats ; Adrien accorde à la femme la faculté de tester ; Marc-Aurèle appelle les enfants à la succession de la défunte, au détriment de ses agnats. Plus tard, à ces derniers, on préférera les cognats plus proches en degrés ; et enfin, Théodose octroie à toutes les femmes le *jus liberorum* (4).

18. Mais puisque Auguste et Claude suppriment ainsi la tutelle légitime des agnats, des dangers, inconnus autrefois, vont se produire. N'est-il pas à craindre que les femmes devenues riches malgré les lois Oppia et Voconia, ne fassent un abus scandaleux de leur fortune ? n'est-il pas à craindre aussi que, sans accomplir des actes répréhensibles, elles n'abandonnent la réserve naturelle à leur sexe, et que leur peu de connaissance des affaires ne soit pour elles une cause de perte ? En présence de ces dangers, on défend à la femme de sortir du cercle de ses affaires privées, et on considère comme incompatibles avec les devoirs de son sexe tous les actes par lesquels elle s'ingérerait dans les affaires d'autrui : « *Ne contra pudicitiam sexui congruentem alienis causis se immisceant; ne virilibus officiis fungantur*

(1) Gaius I, 148.
(2) Gaius I, 173 à 180. — Ulpien XI, 20 à 23.
(3) Gaius I, 190 ; II, 122.
(4) Gaius I, 145, 157, 171, 194. — III, 44. — Ulpien, *reg.* XI, 8.

mulieres » (1). Aussi les femmes sont privées du droit de postuler ; on leur interdit de faire aucun acte judiciaire ; on les déclare incapables de tenir une maison de banque et même de témoigner en justice.

19. En outre, il est à craindre que le mari n'use de son influence et n'entraîne la femme à assumer la responsabilité de ses obligations. Pour faire cesser ce danger, Auguste et plus tard Claude, rendent deux édits qui défendent aux femmes d'intercéder dans l'intérêt de leur mari. Mais à partir de Claude, cette protection devient insuffisante, en présence de l'abolition de la tutelle des agnats, et le sénatus-consulte Velléien vient défendre à la femme de s'engager pour la dette d'autrui.

Deuxième Partie.

Du sénatus-consulte Velléien.

20. Les commentateurs du Droit romain ne sont pas d'accord pour fixer exactement la date du sénatus-consulte Velléien. La loi 2, § 1, donne les noms des deux consuls qui en firent la proposition au sénat ; ce sont Marcus Silanus et Vellcius Tutor. Dans les fastes consulaires, on trouve Junius Silanus et Vellcius Rufus, désignés comme consuls, sous le règne de Claude. C'est probablement vers cette date qu'il faut fixer l'apparition du

(1) L. 1, § 5, D. *de postulando*, 3, 1.

sénatus-consulte. Nous rencontrons en effet, à cette même époque, plusieurs autres dispositions législatives concernant les femmes. Quoi qu'il en soit, il est certain, d'après le témoignage d'Ulpien, que ce sénaltus-consulte n'est pas antérieur au règne de Claude, sinon la défense faite aux femmes d'intercéder pour leur mari ne s'expliquerait pas. D'un autre côté la loi 16, § 1, D. *ad sen. cons. Velleianum* 16, 1 prouve que le Velléien existait à l'époque de Gaius ; or Gaius mourut sous le règne de Vespasien : d'où il faut conclure que l'apparition de notre sénatus-consulte se placerait entre le règne de Claude, devenu empereur en 41, et celui de Vespasien, mort en 79.

21. Quel est l'esprit général de ce sénatus-consulte ? Sur quelle base repose l'incapacité nouvelle qu'il crée ? Quelques jurisconsultes la trouvent dans une idée de protection au profit de la femme. Telle est l'opinion de Vinnius et de Merlin. D'autres, comme M. Troplong, croient au contraire que la pensée du sénatus-consulte Velléien est toute politique. Entre ces deux points de vue l'hésitation ne peut pas être longue ; les rédacteurs de notre loi s'expliquent nettement ; elle n'est pas un privilège pour la femme ; elle est basée sur l'ancien principe que les femmes doivent être écartées de tous les actes considérés comme réservés aux hommes, « *virilia officia* » et que leur capacité doit être restreinte pour réprimer leur influence. De nombreux textes nous offrent d'autres exemples de cette exclusion des femmes des offices virils (1).

22. Cependant il faut reconnaître que, si, à l'origine, l'idée d'un intérêt d'ordre public à sauvegarder était prédominante, elle a dû par la suite perdre beaucoup de son autorité; sinon, comment comprendre que l'efficacité du sénatus-consulte Velléien fut entièrement livrée au caprice de la femme qui a intercédé, que celle-ci pût, à son gré, ou bien invoquer son incapacité, ou bien

(1) L. 2, D. *de reg. jur.* 50, 17. — L. 1, § 1, D. h. t. — L. 1, § 5, D. *de post.* 3, 1. — L. 12, § 2, D. *de jud.* 5, 1.

laisser à l'écart les règles protectrices du sénatus-consulte? Aussi les jurisconsultes romains, dans leur interprétation du texte, se préoccupent-ils souvent de l'intérêt de la femme, et la raison en est simple : les édits de Claude et d'Auguste avaient surtout été rendus dans une idée de protection ; ils furent absorbés par le sénatus-consulte Velléien ; mais leur motif, la conservation de la fortune personnelle de la femme, subsistant toujours, in-flue fréquemment sur l'interprétation du sénatus-consulte lui-même. Tout en respectant l'ancien principe, les *prudentes* veulent prémunir les femmes contre un danger auquel elles paraissent particulièrement exposées, celui de prendre à la légère, pour un temps plus ou moins éloigné, des engagements qu'elles es-pèrent n'être qu'un pur service, ne devant jamais les entraîner à un déboursé. Aussi leur permet-on de faire, en faveur d'au-trui, des actes de nature à porter une grave atteinte, mais une atteinte *actuelle et présente* à leur fortune, tandis qu'au con-traire on leur interdit des actes moins préjudiciables en eux-mêmes, mais qu'elles seraient exposées à accomplir plus faci-lement, à raison de la croyance qu'elles ne feront aucun sacrifice réel. Comme le dit Ulpien : « *faciliùs mulier se obligat quam alicui donat.* »

23. La jurisprudence qui conduisit à la prohibition portée par le sénatus-consulte Velléien, en entourant les femmes d'incapa-cités, pour conserver quelque chose des anciennes constitutions, vint plus tard elle-même affaiblir les effets de cette prohibition. Elle admit des exceptions au Velléien à mesure que le progrès des mœurs tendit à égaliser la situation des deux sexes, progrès moral qui fut le résultat de la propagation latente du chris-tianisme.

Ce résultat s'était déjà produit à l'époque de Gaius, de Paul et d'Ulpien, auteurs des textes les plus nombreux parmi ceux de la compilation Justinienne qui sont relatifs au sénatus consulte Velléien.

24. Le sénatus-consulte prohibe exclusivement l'intercession

des femmes, c'est-à-dire leur obligation pour autrui : « *ne pro ullo feminæ intercederent.*» Qu'est-ce qu'*intercéder*? Dans la langue française les mots *intercession*, *intercéder* s'emploient dans le sens de prière. Ce n'est pas la signification correspondante au verbe latin *intercedere*; mais, comme notre langue ne nous offre pas d'autres mots qui puissent traduire l'idée latine, nous emploierons, dans un sens purement technique, le mot *intercéder*.

On peut définir l'intercession en général, toute opération par laquelle une personne, contractant avec le créancier, devient débitrice dans l'intérêt d'autrui. Cette opération est caractérisée par les trois conditions suivantes : 1° l'intercédant devient débiteur ; 2° il se charge d'une obligation étrangère ; 3° il traite avec le créancier : peu importe qu'au fond il agisse dans son propre intérêt ou dans celui d'autrui. Telle est l'intercession en général.

25. Au point de vue du sénatus-consulte Velléien, comme il a pour but d'écarter les femmes de toute participation aux affaires d'autrui, et de les empêcher de prendre des engagements qu'elles espéreraient ne pas exiger d'elles un déboursé, il y a des actes qui, constituant au fond de véritables intercessions, ne seront point cependant atteints par la prohibition du sénat, l'intercession velléienne exige donc une définition spéciale que nous formulerons ainsi : c'est tout acte par lequel, en traitant avec le créancier, la femme, sans intérêt personnel, et sans intention de libéralité, oblige sa personne ou ses biens, pour libérer un tiers, le dispenser de s'obliger, ou pour cautionner la dette de ce tiers.

La réunion des conditions suivantes est donc indispensable pour que la femme puisse invoquer le sénatus-consulte. Elle doit : 1° Avoir obligé sa personne ou ses biens ; 2° Avoir traité avec le créancier ; 3° Avoir libéré ou cautionné autrui, ou l'avoir dispensé de s'obliger ; 4° Avoir fait ces actes en l'absence de tout intérêt personnel ; 5° Avoir agi sans intention d'accomplir une libéralité et avec l'espérance d'un recours contre autrui.

26. Les commentateurs distinguent deux espèces d'intercession, la privative par laquelle l'intercédant est obligé au lieu et place du débiteur primitif, lequel est libéré, par exemple dans les cas d'*expromissio* et dans ceux d'intervention. L'*expromissio* comprend la délégation, la *defensio pro alio*, la réponse à une *interrogatio in jure* par laquelle l'intercédant se serait chargé d'une dette dont un autre était réellement tenu, le compromis fait par la femme au nom d'un autre (1). L'intervention est cette espèce d'intercession qui a lieu lorsque l'intercédant contracte lui-même, pour dispenser de s'obliger celui auquel le bénéfice de l'opération reviendra en définitive. L'intercession est déguisée parce que l'intercédant paraît contracter pour lui-même. C'est le cas notamment de la *mutui datio pro alio*.

L'intercession *cumulative* est celle où l'intercédant est obligé concurremment avec le débiteur primitif. Elle est principale lorsque le créancier peut poursuivre à son choix, comme débiteur principal, soit l'intercédant lui-même, soit le débiteur primitif. Elle est accessoire lorsque l'intercédant ne peut être poursuivi par le créancier qu'après discussion du débiteur primitif. Ce résultat se produit dans la fidéjussion à partir de Justinien, dans le *mandatum pecuniæ credendæ*, dans le constitut ou dans l'établissement d'un gage ou d'une hypothèque pour le compte d'autrui.

27 Après avoir ainsi indiqué le sens et la portée du mot *intercession*, tel que l'entendirent les commentateurs du Velléien, nous devons examiner de plus près la portée et les conséquences de cette disposition législative.

Nous diviserons cette matière en deux chapitres, dans le premier nous traiterons de la portée d'application du sénatus-consulte; dans le second, de ses effets.

(1) L. 2, § 3, 11. 23, 26. D, h. t. — L. 32, § 2. D. *de receptis* 4, 8.

CHAPITRE PREMIER

DE L'APPLICATION DU SÉNATUS-CONSULTE VELLÉIEN.

Pour bien déterminer la sphère d'action de l'œuvre de Vel-leius Tutor, nous diviserons ce chapitre en quatre sections, et nous parlerons successivement des personnes atteintes par le sénatus-consulte, des actes qu'il défend, de ceux auxquels il ne s'applique pas, et enfin des exceptions apportées à l'application du sénatus-consulte.

SECTION PREMIÈRE

Des personnes auxquelles s'applique le sénatus-consulte Velléien.

28. Indiquons tout d'abord quelles sont les personnes aux-quelles il est défendu d'intercéder.

Le sénatus-consulte établit une règle générale pour les filles, les femmes mariées et les veuves. Les expressions *feminæ mulie-res* sont synonymes et comprennent, sans distinction d'âge et de condition, toutes les personnes du sexe féminin : *omnibus feminis subventum est* (1).

29. Avant le Velléien, il en était autrement; les édits d'Au-guste et de Claude avaient uniquement prohibé les interces-sions des femmes mariées pour leur mari. Cinq siècles plus

(1) L. 2, § 1. D. h. t.

tard, sous Justinien, les femmes mariées furent de nouveau soumises à un droit spécial plus rigoureux, quant aux intercessions faites au profit de leur mari.

30. Nous ne dirons pas que le sénatus-consulte ne s'applique qu'aux femmes nubiles, car l'impuberté ne rend pas la fille *sui juris non infans* absolument incapable de s'obliger. Elle peut s'engager *tutore auctore* et le sénatus-consulte s'appliquerait à une intercession qu'elle aurait faite, bien entendu, avec l'assentiment de son tuteur. D'ailleurs un pareil fait sera fort rare en pratique.

Nous avons prouvé précédemment que, si la *filiafamilis* ne pouvait pas s'obliger, cette règle ne fut vraie que tant que dura la tutelle perpétuelle légitime des femmes (n° 6). A l'époque classique, l'incapacité de la fille ayant disparu, le sénatus-consulte lui sera applicable.

31. La femme ne peut s'obliger pour aucun débiteur : « *Ne pro ullo feminæ intercederent.* » Tel est le principe, les textes en font des applications particulières. La femme ne pourra intercéder ni pour son père, ni pour son fils, ni pour une autre femme, ni pour l'esclave d'autrui, ni même pour son propre esclave. Remarquons que, si la femme ordonne à son esclave d'emprunter, elle sera tenue de l'action *quod jussu* ; car elle s'oblige alors pour elle-même, elle n'intercède pas puisqu'elle acquiert l'argent remis à l'esclave (1).

La femme ne peut non plus intercéder pour un pupille, ni pour un mineur de vingt-cinq ans. Ulpien se demande, en effet, si l'action restitutoire serait donnée contre le pupille, en faveur duquel la femme a intercédé, preuve évidente que l'obligation de cette dernière est atteinte par la prohibition (2.

32. D'après un rescrit d'Alexandre Sévère, la femme ne peut pas intercéder en faveur du magistrat qui a donné à ses enfants

_____
(1) L. 2, § 5, ll. 9, 25, pr. et § 1, l. 32, § 5, D. h. t.
(2) L. 8, § 15. D. h. t.

les tuteurs demandés par elle. Dioclétien et Maximin ont rendu une décision semblable, mais ils indiquent un cas où, malgré le sénatus-consulte, la femme sera obligée : c'est celui dans lequel un décret du Préteur porte expressément que la mère a demandé ce tuteur à ses risques et périls. Ce décret n'était rendu que lorsque la mère l'exigeait, et il était fort juste que le magistrat ne fût pas responsable de l'erreur où la mère pouvait le faire tomber (1).

33. Si la femme ne peut intercéder pour aucun débiteur, elle ne peut le faire au profit de n'importe quel créancier. Ainsi il lui est interdit de s'obliger envers un pupille, envers un mineur de vingt-cinq ans, envers un esclave. Cependant nous trouverons une exception, quant au mineur de vingt-cinq ans (2). Quant à l'esclave créancier, remarquons avec Papinien, que le maître de cet esclave sera repoussé par l'exception du sénatus-consulte s'il veut poursuivre la femme. Vainement objecterait-on que la condition du maître ne peut pas être détériorée par le fait de son esclave; le jurisconsulte répond que la condition du maître n'est pas rendue pire, mais qu'elle n'est pas améliorée; tout comme si l'esclave avait acquis un fond litigieux ou un homme libre (3).

SECTION II.

Des actes défendus par le sénatus-consulte Velléien.

34. De la définition de l'intercession Velléienne que nous avons donnée, résulte la nécessité du concours des conditions suivantes : 1° La femme doit's'obliger ; 2° s'obliger pour autrui ;

(1) C. 1 et 3. Cod. *si mat. indem.* (5-16.)
(2) L. 12. D. *de minoribus* (4-4.)
(3) L. 27, § 1. D. h. t.

3º en traitant avec le créancier; 4º en n'agissant pas dans son intérêt personnel ; 5º ni dans le but de faire une libéralité.

Tout acte qui réunira ces diverses conditions tombera sous l'application du sénatus-consulte. Peu importe la nature du contrat consenti par la femme : « *Sive verbis, sive re, sive quocumque alio contractu intercesserent* », peu importe que la femme oblige sa propre personne ou qu'elle oblige seulement ses biens.

Appliquons ce principe aux divers cas d'intercession, en conservant la distinction déjà faite de l'intercession privative ou cumulative.

Des cas d'intercession privative.

35. 1º *Expromission*; l'expromission, *stricto sensu*, est une novation par changement de débiteur, dans laquelle l'intercédant se présente spontanément, sans mandat du débiteur originaire. Cet acte présente tous les caractères de l'*intercessio* interdite.

36. 2º *Délégation*. Cet acte peut être défendu à la femme, soit qu'elle joue le rôle de déléguée, soit qu'elle agisse comme délégant. Comme déléguée la femme intercédera lorsqu'elle ne sera pas véritablement débitrice du délégant, car elle s'obligerait d'un côté sans se libérer de l'autre. Aussi invoquera-t-elle le sénatus-consulte. avec succès, alors même que le créancier délégataire aurait été de bonne foi, la croyant débitrice de celui pour lequel elle s'engageait.

On est plus sévère, dans ce cas, pour le créancier, que dans l'hypothèse d'un emprunt fait par la femme dans l'intérêt d'autrui. La raison nous en est donnée par Africain (L. 17, h. t.) : « *Quoniam quidem plurimum intersit, utrum cum muliere quis ab initio contrahat, an alienam obligationem in eam transferat, tunc enim diligentiorem esse debere.* »

Ulpien (L. 8, § 2, D. h. t.) apporte une exception à cette règle, que la femme non débitrice du délégant peut invoquer la prohibition du sénatus-consulte, dans le cas où elle s'est obligée se croyant débitrice ; alors, en effet, la femme n'a pas pu avoir l'espérance d'un recours contre le délégant et par suite l'opération n'a pas le caractère de celles qu'a voulu atteindre le sénat.

Mais si, pour ne point être déléguée, la femme prend les devants et s'oblige envers le créancier de son créancier, comme elle ne se libère pas vis-à-vis de son propre créancier, dont elle garantit ainsi la dette, elle fait un acte d'intercession, (L. 24, § 1, D. h. t.)

Au contraire la femme déléguée était-elle débitrice, son obligation envers le délégataire, créancier de son créancier, sera valable, car, par cet acte, elle se libère envers le délégant.

37. Supposons que la femme ait joué le rôle de délégant. Le tiers délégué n'était-il pas le débiteur de la femme ? il aura contre elle une action *mandati*, et la femme se trouvera ainsi obligée dans l'intérêt du délégataire, ce qui constitue une intercession déguisée (LL. 5 et 8, des §§ 4 et 6, D. h. t.) Au contraire, le délégué était-il le débiteur de la femme, elle n'a pas de recours à craindre et, par conséquent, elle n'est pas obligée par le mandat qu'elle a donné.

38. Aussi Gaius nous dit-il que, si la femme délègue son acheteur au créancier, le sénatus-consulte ne s'appliquera pas. Quelques auteurs ont voulu voir une antinomie entre la loi 5, qui permet à la femme de déléguer son débiteur, et l'hypothèse prévue par la loi 32, § 2. N'y a-t-il pas, disent-ils, comme une délégation tacite de l'acheteur, débiteur du prix, à lui-même créancier du mari? Cependant cet acte est déclaré nul par la loi 32, tandis que, aux termes de la loi 5, il devrait être reconnu valable. Pour faire disparaître cette contradiction ils proposent d'expliquer ainsi la décision de Pomponius : la femme, selon eux, se serait déjà engagée envers le mari. Pour accomplir cette obligation préexistante, elle vend le fond au créancier ;

or, les actes par lesquels elle exécute une *intercessio* sont aussi invalides que l'*intercessio* elle-même (1).

Cette explication nous paraît inadmissible; elle n'est pas conforme au texte : d'après elle, le créancier acheteur devrait compenser le prix d'achat avec la somme due par la femme, et le mari, jadis cautionné par sa femme, serait libéré par le payement abrégé, effectué par celle-ci.

Or, Pomponius nous dit que le prix retenu par le créancier éteindra la dette du mari, auquel on fera acceptilation. Mais l'acceptilation serait inutile dans l'hypothèse imaginée, car le débiteur principal est libéré par le payement accompli par le fidéjusseur. Les termes de la loi 32 ne nous permettent donc pas de supposer une obligation préexistante de la femme. — L'explication de ce texte nous paraît plus simple et nullement contradictoire avec la règle que la femme peut déléguer son débiteur. Pomponius se demande si la femme a le droit de revendiquer le fonds vendu et livré; il répond affirmativement, en faisant remarquer qu'à l'exception *rei venditæ et traditæ*, la femme opposera efficacement une *replicatio senatus-consulti*. En effet, elle a contracté avec le créancier l'obligation de livrer le fonds dans l'intérêt de son mari, et c'est pour exécuter cette obligation qu'elle a fait tradition. Cette tradition, exécution de son obligation, est aussi inefficace que l'obligation elle-même; la propriété n'a pas été transférée; l'opération toute entière est nulle, parce que la femme, en vendant, s'obligeait dans l'intérêt de son mari, tandis que, lorsqu'elle délègue son débiteur, elle ne s'oblige pas, elle aliène sa créance et accomplit ainsi un acte valable. La décision de Pomponius est du reste conforme au fond avec celle de Gaius et d'Ulpien, dans la loi 39, § 1 et la loi 40 D. de verb. oblig. 6, 1.

39. 3° La *defensio pro alio*. Celle qui se présente en justice, pour jouer le rôle du défendeur, au lieu et place du débiteur et

_____

(1) Dubois ; *de la condition légale des femmes sous le Velléien.*

encourir les chances de la condamnation, fait un acte d'intercession ; la *litis contestatio*, qui a lieu entre le demandeur et la
femme, opère novation et libère le débiteur originaire : ll. 2,
§ 5, D. h. t. et 23, D. *de solut.* 46, 3.

40. 4° La réponse à une *interrogatio in jure* par laquelle la
femme se reconnaît débitrice d'une dette, dont une autre personne était réellement tenue, constitue aussi une acte prohibé ;
comme dans l'hypothèse, où la femme s'est déclarée propriétaire d'un esclave, au nom duquel on allait intenter une
action noxale et qu'elle ne possédait pas de bonne foi, ll. 23 et
26, D. h. t.

41. 5° Le compromis fait par la femme au nom d'un autre,
l'oblige au lieu et place du débiteur précédent qui se trouve
libéré ; cet acte est aussi au nombre de ceux qui lui sont interdits : l. 32, § 2, D. *de receptis*, 4, 8.

42. 6° Le pacte *de postponendo*, est l'acte par lequel la
femme renonce à son rang d'hypothèque en faveur des créanciers postérieurs. Par ce pacte, le débiteur est dispensé de
donner d'autres gages, que les créanciers craignant son insol-
vabilité, ne manqueraient pas d'exiger. La femme ne fait pas
une libéralité, puisqu'elle ne renonce pas à son hypothèque et
qu'elle veut conserver son action contre le débiteur. Si elle
faisait remise pure et simple de son hypothèque, cette aliénation serait parfaitement valable, car elle accomplirait un sacrifice, peut-être considérable, mais actuel et évident. Elle serait
certaine que sa créance n'aurait plus de garanties. Tandis qu'en
renonçant à sa priorité au profit d'un créancier postérieur, elle
peut se faire illusion, croire que le gage donné par le débiteur
commun sera encore suffisant pour la désintéresser elle-même.
Elle agit dans l'intérêt du débiteur, mais non *animo donandi.*
Cet acte tombe évidemment sous la prohibition du Velléien.
Africain, dans la loi 17, § 1, applique ces principes et, s'il
refuse à la femme l'exception du sénatus-consulte c'est à raison

du dol commis par celle-ci et de la bonne foi du créancier, et non d'après la nature de l'opération.

43. Parmi les actes d'intercession privative, il faut placer, comme l'indique le texte même du sénatus-consulte, les *mutui dationes pro aliis*. Une femme emprunte une somme d'argent et la remet à une autre personne, qui était sur le point d'emprunter elle-même et qui est ainsi dispensée de le faire. Dans ce cas, la femme peut espérer satisfaire le créancier, avec l'argent qu'elle aura reçu auparavant de celui à qui elle l'a remis elle-même, c'est-à-dire, sans rien débourser. Cet espoir sera le plus souvent déçu et offre le danger, contre lequel le sénatus-consulte a voulu prémunir les femmes, aussi un semblable emprunt est-il en lui-même atteint par la prohibition. Au contraire, lorsque la femme emprunte et remet l'argent reçu à un tiers, qui n'avait pas l'intention d'emprunter lui-même et qui, par suite, ne s'oblige pas envers elle, l'acte est valable; car la femme ne peut se faire alors aucune illusion; le sacrifice est actuel; elle a fait une donation. Si, au lieu d'emprunter, elle s'obligeait par un autre contrat, mais toujours de manière à en faire profiter un tiers, la solution serait la même. L. 4, § 1, D. et C. 13, cod. h. t

Intercession cumulative.

44. 1° La femme s'oblige avec une autre personne comme débitrice solidaire ou corréale; selon les circonstances, elle aura fait ou non un acte d'intercession, pour le tout ou pour partie. Elle n'intercédera pas, lorsque l'obligation, quoique corréale, lui procurera un avantage ou l'empêchera d'éprouver une perte, dont le montant serait plus considérable que celui de la dette qu'elle contracte. La femme agit alors dans son propre intérêt. Africain applique cette règle au cas où une femme, co-propriétaire indivise d'une maison, a emprunté de

l'argent pour réparer celle-ci. Elle n'a pas intercédé pour son co-propriétaire l. 17, § 2, D. h. t.

Au contraire, il y aura intercession pour partie, lorsque l'intérêt personnel de la femme n'exigera pas qu'elle s'oblige pour le tout. Ainsi elle achète en commun un fonds ou un esclave, et elle s'engage solidairement avec son co-acheteur ; dans ce cas, elle intercède pour la moitié du prix, car son intérêt propre se restreint à la moitié indivise du fonds ou de l'esclave.

Enfin la femme intercède pour le tout, lorsqu'elle s'oblige *correaliter* avec un autre, sans avoir un intérêt propre à l'opération.

45. 2° Le constitut pour la dette d'autrui est aussi un acte d'intercession, qu'on admette ou non que les constituants jouissent du bénéfice de discussion. Dans tous les cas, la femme s'expose à payer la dette d'autrui avec ses propres deniers, tout en ayant cru à la possibilité d'un recours.

46. 3° La *fidejussio* est évidemment un acte interdit par le sénatus-consulte Velléien, à moins que la femme ne soit intervenue *animo donandi*.

47. 4° La *fidejussio indemnitatis* sera-t-elle aussi un acte d'*intercessio*? On pourrait en douter à première vue ; car le fidéjusseur de cette nature ne peut avoir l'espérance d'exercer un recours efficace contre le débiteur, puisque, avant de savoir si le fidéjusseur est tenu, il faut que le créancier ait exécuté le débiteur ; celui-ci sera donc forcément insolvable, quand naîtra l'obligation du fidéjusseur (1). Cette absence de recours possible ne peut pas être ignorée par la femme qui contracte un semblable engagement, *decepta non erit*. Cependant Africain dans la loi 19, § 4, paraît résoudre la question dans le sens d'une intercession prohibée. Il est vrai que quelques auteurs Allemands ont voulu lire dans le texte la négation d'une intercession.

(1) L. 21, D. *de solut.* 46, 3. — L. 116, D. *de verb. oblig.* 45, 1.

48. 5° Le *mandator pecuniæ credendæ* s'oblige à rembourser, au préteur de deniers, l'argent déboursé par celui-ci, en exécution du mandat. Et si le créancier, intentant contre lui l'*actio mandati contraria*, l'a obligé de payer, ce *mandator* a un recours contre l'emprunteur. Nous trouvons dans ce *mandatum* tous les éléments constitutifs de l'intercession Velléienne.

49. 6° Des difficultés s'étaient élevées, paraît-il, sur le point de savoir si la constitution d'un gage ou d'une hypothèque avait le caractère d'une véritable intercession, en l'absence d'engagement personnel. L'empereur Alexandre et Ulpien répondent affirmativement : celle qui engage sa chose, sans se porter caution elle-même, s'expose à payer, par la vente du gage, la dette d'autrui et à n'exercer contre le débiteur qu'un recours inefficace. L. 8, D. et C. 4, *cod.* h. t. — L. 39, § 1, D. *de rei vind.*, 6, 1.

50. 7° C'est par application de ces principes, que les jurisconsultes défendirent à la femme de consentir à l'hypothèque du fonds dotal par le mari. Nous disons les jurisconsultes, quoique Justinien attribue à la loi *Julia* la défense d'hypothéquer le fonds dotal, même avec l'assentiment de la femme ; en effet nous croyons, avec M. Demangeat (1), dont l'argumention, appuyée sur des textes de Gaius et de Paul, nous parait irréfutable, que cette prohition se rattache, comme conséquence, à la disposition du Velléien. Le principe général aurait réagi sur la possibilité d'hypothéquer le fonds dotal. Ce fonds, il est vrai, n'appartient pas à la femme, mais il doit lui revenir un jour ; et, si la femme, qui consent au créancier du mari une hypothèque sur ses paraphernaux, fait un acte d'intercession, serait-il raisonnable de ne pas considérer ainsi l'acte de la femme, consentant à ce que le mari hypothèque le fonds dotal. Dans les deux cas, la femme expose une partie de sa fortune, présente ou future, pour venir au secours du mari et de telle

(1) Demangeat, *de fundo dotali*, p. 210 et suiv.

manière que, très-probablement, elle s'illusionne sur le danger couru (1).

Des actes non invalidés par le sénatus-consulte Velléien.

52. Tout acte, dans lequel fera défaut une des conditions ci-dessus indiquées, échappera par cela même à la prohibition du sénatus-consulte Velléien. Les textes du Digeste et du Code nous offrent de nombreuses applications de cette idée. Nous allons les grouper en examinant successivement l'effet produit par l'absence de l'une ou de l'autre des conditions constitutives de l'intercession.

51. 1° La femme n'oblige ni sa personne, ni ses biens. L'aliénation immédiate, l'appauvrissement actuel ont paru, au législateur, offrir moins de dangers, qu'une obligation incertaine, sinon dans son existence, du moins dans ses résultats.

La femme qui aliène, même dans l'intérêt d'autrui, peut se rendre un compte exact de la diminution subie par son patrimoine, et le législateur suppose les femmes assez intéressées, pour ne pas faire inconsidérément des actes qui les appauvriraient d'une manière évidente et actuelle. Au contraire, entraînée par sa bonté naturelle, ou mal servie par son inexpérience, ou trompée par les promesses artificieuses d'un débiteur, la femme, qui s'oblige dans l'intérêt d'autrui, peut croire à la possibilité de rendre service, sans ressentir aucun inconvénient. Aussi le législateur autorise l'aliénation actuelle, alors qu'il prohibe l'obligation.

De ce principe, il résulte que la femme peut payer comptant la dette d'autrui, donner sa chose en paiement, déléguer son

(1) Demangeat, *de fundo dotali*, p. 210 et suiv.

débiteur au créancier d'une autre personne, faire une donation, renoncer à une hypothèque ou abandonner la possession d'un gage, lors même que le débiteur sur les biens duquel elle aurait un droit de gage, serait son mari, Papinien ne voit pas dans cet abandon une donation entre époux (1).

53. 2° La femme peut s'obliger, et il peut de cette obligation résulter un avantage pour un tiers, sans qu'il y ait intercession, si l'engagement de la femme ne doit pas avoir pour effet de libérer le tiers, ou de le dispenser de s'obliger, ou de garantir sa dette. Par suite la femme pourra prendre sur elle tous les risques d'une affaire quelconque, pourvu qu'aucun des effets énoncés ne se réalise. Ainsi, le tuteur d'un pupille voulait vendre des immeubles pupillaires, soit pour payer des dettes, soit pour obéir à la loi qui, jusqu'à Constantin, ordonnait de vendre les immeubles urbains, la mère, désireuse de les voir conserver, engage le tuteur à ne pas les vendre en lui promettant de l'indemniser, si plus tard l'ex-pupille le poursuit comme ayant mal géré. Papinien décide que la femme ne sera pas protégée par le sénatus-consulte, car dit-il, *nullam obligationem recepisse, neque veterem, neque novam, sed ipsam fecisse hanc obligationem.* L. 8, § 1, D. h. t.

Malgré l'autorité de Papinien, cette raison ne paraîtra-t-elle pas plus spécieuse que vraie ? Au fond des choses, la femme assume sur sur sa tête la responsabilité définitive du risque encouru par le tuteur ; la raison, pour laquelle il n'y a pas ici d'*intercessio*, est que la femme ne peut pas avoir de recours contre qui que ce soit, et, par conséquent, qu'elle agit *animo donandi* envers le tuteur.

54. Il y aura, au contraire, *intercessio*, si une mère promet au tuteur, qui veut se faire excuser de la tutelle, une indemnité pour le cas où la fortune du pupille ne serait pas suffisante pour

(1) L. 4, § 1, LL. 5, 8, §§ 3 et 5, L. 21, § 1. D. h. t. — Cc. 9, 11 et 21 Cod. h. t.

satisfaire aux prétentions qu'il aura à faire valoir, plus tard, par l'action *contraria tutelæ*. La femme se charge alors de la future obligation du pupille, qu'elle garantit. C. 6, § 5, *cod.* h. t.

55. La femme pourra recevoir d'un débiteur le paiement de ce qui est dû à autrui et s'obliger à faire ratifier ce paiement. Si, plus tard, le créancier ne ratifie pas et que le *solvens* veuille réclamer à la femme l'argent remis, celle-ci ne pourra se défendre, nous dit Julien, par l'exception du sénatus-consulte, car le débiteur est resté obligé envers son créancier et la femme s'enrichirait à son détriment. Or, *décipientibus mulieribus senatus-consultum auxilio non est*; *infirmitas feminarum non calliditas auxilium demeruerit.* L. 2, § 3, et l. 15, D. h. t.

56. Rappelons ce que nous avons déjà dit, que la femme peut emprunter et remettre ensuite l'argent à un tiers, sans qu'il y ait *intercessio*, dans le cas où le tiers n'avait pas l'intention de s'obliger. L'engagement de la femme ne prend pas la place d'une obligation étrangère. L. 4, § 1. D. h. t. et C. 13, cod. h. t.

57. 3° Alors même que la femme obligerait sa personne ou ses biens, pour garantir ou libérer autrui, son intercession sera valable, si elle n'a pas traité avec le créancier. Ainsi, une femme a donné mandat au tuteur de faire abstenir le pupille d'une hérédité à lui déférée. Le tuteur est, plus tard, condamné, envers le pupille, comme l'ayant mal à propos empêché de faire adition ; il se retourne contre la femme pour être indemnisé. Le sénatus-consulte Velléien, dit Africain, ne peut en ce cas être appliqué ; en effet, la femme ne s'est pas engagée envers le pupille futur créancier, mais envers le tuteur futur débiteur. L. 19, § 1. D. h. t.

58. De même, lorsqu'une mère prie les tuteurs de ses enfants de lui laisser administrer les biens des pupilles, en leur

promettant de les indemniser, au cas où ils seraient condamnés envers les pupilles pour cause de mauvaise gestion, l'obligation de la femme n'est pas prise envers les futurs créanciers, et ne garantit pas vis-à-vis d'eux l'obligation future des tuteurs. C. 6, cod. h. t.

La même considération conduit Africain à décider qu'en promettant à un débiteur de payer ses dettes, la femme, bien qu'elle s'oblige *pro alio*, n'intercède pas, parce qu'elle ne traite pas avec le créancier lui-même. L. 19, pr. et § 2, D. h. t.

59. 4° Lorsque la femme gère sa propre affaire, il n'y a pas intercession dans le sens du sénatus-consulte Velléien. Alors, en effet, la femme ne peut avoir l'illusion de ce recours douteux, contre laquelle les jurisconsultes et le sénat ont voulu la prémunir. Aussi, en pareil cas, la femme sera-t-elle valablement obligée. Ce qui a lieu, lorsqu'elle achète une hérédité déférée à autrui ou qu'elle fait adition d'une hérédité déférée à elle-même. Toutefois, dans cette dernière hypothèse, si l'adition est le résultat des manœuvres frauduleuses des créanciers héréditaires, la femme pourra invoquer contre eux l'exception du sénatus-consulte; car ce dol a eu pour effet de lui faire assumer la responsabilité des dettes du défunt; ce qu'elle n'eut pas fait, si la fraude ne lui eût pas dissimulé son véritable intérêt. LL. 13, 19, § 2, 32 pr. D. h. t.

60. La femme agit encore dans son propre intérêt, quand elle prend en justice la défense de celui qui, condamné, aurait un recours contre elle, c'est-à-dire : 1° De son fidéjusseur qui recourrait contre elle par l'*actio mandati*, ll. 3 et 13, D. h. t.; 2° de celui qui lui a vendu une hérédité, car, ce à quoi il serait condamné comme héritier envers un créancier héréditaire, il pourrait le redemander à la femme en vertu de la stipulation *venditæ hereditatis*, intervenue lors de l'acquisition de cette hérédité. L. 3, D. h. t. — Gaius II, 252.

61. Nous rangerons dans la même catégorie, l'expromission ou la délégation, faite par la femme pour son propre créancier

envers le créancier de ce dernier. Elle se libère alors de sa
propre dette envers le délégant. LL. 13, pr., 24 pr. D. h. t. et
C. 2, cod. h. t. De même, si une femme charge son mari de
payer son propre créancier, et, lui déléguant une de ses débi-
trices, afin que le mari ait l'argent nécessaire, garantit la déléguée, elle sera valablement obligée, car, c'est sa propre
affaire qu'elle fait en accomplissant ces divers actes. L. 27, § 2,
D. h. t.

62. Si la femme a été indemnisée à l'avance de l'obligation
qu'elle a contractée pour autrui, elle ne pourra pas opposer au
créancier envers lequel elle a fait expromission, l'exception du
sénatus-consulte ; car elle n'a fait que remplir ce mandat qu'elle
avait reçu. Elle s'est libérée de l'*actio mandati*, dont elle serait
tenue envers celui qui lui avait remis les écus. L. 22, D. h. t.
Ainsi encore, si elle a reçu le montant de sa dette, après s'être
obligée, mais avant d'être poursuivie par le créancier, bien
que sa promesse soit un acte d'intercession ordinaire, le sénatus-consulte ne la protégera pas, car elle ne court aucun danger, puisqu'elle a déjà reçu l'argent à l'aide duquel elle satisfera
à son obligation, ll. 16, pr. 21; 22, D. h. t.

63. Il paraît qu'il s'était élevé sur l'application de ces lois
quelques difficultés. On s'était demandé quelle somme la
femme devait avoir reçue, et comment le créancier prouverait
qu'elle avait en réalité touché quelque chose. Justinien a eu le
désir de mettre fin à cette controverse dans la constitution 23 ;
mais ce texte lui-même a donné naissance à une autre difficulté.
L'empereur a voulu résoudre les deux questions indiquées ;
mais sa pensée n'est pas nette. Les uns soutiennent que d'après
cette constitution la femme doit avoir reçu une valeur égale à
celle qu'elle s'engage à payer. D'autres commentateurs pensent
que le prix de l'intercession doit être assez élevé pour pouvoir
décider un homme prudent à intercéder. Une troisième opinion
interprète ainsi la pensée de Justinien : dès que la femme reçoit quelque chose, *postea aliquid accipiens*, elle agit dans son

propro intérêt. Dès qu'elle reçoit , fut-ce un équivalent insuffisant du risque qu'elle court par son intercession, dès qu'elle se
détermine à intercéder parce qu'on lui donne quelque chose,
son engagement est valable. Cette dernière opinion s'appuie sur
les mots : *supervacuas distinctiones exulare.* C'est celle que nous
croyons devoir adopter , comme conforme à la pensée de Justinien. Mais nous remarquerons que la protection du sénatus-
consulte se réduit à peu de chose, s'il suffit, pour valider l'intercession, que la femme reçoive *aliquid*; aussi ne saurait-on
admettre que cette règle existât à l'époque des jurisconsultes
classiques (1).

Quant à la deuxième difficulté autrefois soulevée sur le point
de savoir comment on prouvera que la femme a, en réalité,
touché quelque chose, Justinien décide que, si l'acte public
rédigé pour constater l'*intercessio*, énonce que la femme a reçu
quelque chose, cette mention devra être réputée vraie d'une
manière absolue, *omninò esse credendum.*

64. Mais après avoir décidé que l'intercession de la femme
sera ainsi valable quand elle aura reçu quelque chose, Justinien, dans la constitution 23, § 1, décide que le créancier, qui
n'aura pas pu obtenir de la femme la totalité de sa créance,
pourra s'adresser encore à l'ancien débiteur, pour le tout ou
pour partie. Cette décision est étrange , car, si la femme *expromissor ;* est valablement engagée, le débiteur primitif doit être
libéré. Mais, comme bien d'autres matières prouvent que la
logique n'a pas toujours inspiré les décisions de Justinien, on
peut voir dans cette solution comme un reflet de l'ancien principe admis par les jurisconsultes, à savoir que le créancier,
auquel la femme opposait l'exception du sénatus-consulte,
devait recouvrer son ancienne action. Justinien, tout en admettant la validité de l'intercession, préoccupé de l'intérêt du
créancier, conserve cette ancienne règle, quoiqu'elle soit la
contradiction de celle qu'il pose.

(1) *Perezius ad codicem*, h. t.

65. 5o Il n'y a pas intercession dans le sens du sénatus-consulte, toutes les fois que la femme s'engage *animo donandi*,
en prenant la place du débiteur. En effet, l'intention du sénat
n'a pas été de protéger la femme contre tout engagement
inconsidéré. Si telle eût été sa pensée, on eut assimilé la femme
au mineur de vingt-cinq ans, et cependant Pomponius déclare
nettement cette assimilation inexacte, l. 32, D. h. t. — Nous
avons déjà dit que les jurisconsultes ont inteprêté la pensée du
législateur en ce sens, qu'il voulait préserver la femme contre
le vain espoir de ne prendre qu'un engagement pour la forme,
sans rien débourser elle-même. C'est contre cette illusion qu'on
a voulu la garantir; on n'a pas eu pour but de lui enlever la
faculté de s'appauvrir par des donations, *non quæ deminuit res-
tituitur*. LL. 8, § 5, 21, § 1, 4, § 1.

66. Faudra-t-il, pour l'application de cette règle, distinguer, comme le font quelques commentateurs, entre les intercessions privatives et les cumulatives, et décider que ces der-
nières sont nulles quand même la femme interviendrait *animo
donandi*? Nous ne le pensons pas ; car, dès que cette intention
existe chez l'intercédante, elle ne peut avoir l'espérance d'aucun
recours et par suite ne se trouve pas dans la situation que le
sénatus-consulte a visée.

SECTION IV

Des exceptions au sénatus-consulte Velléien.

67. Si; dans les premiers temps qui suivirent sa promulgation, le sénatus-consulte Velléien dût être rigoureusement
appliqué à tous les actes que nous avons vus renfermer une intercession, par la suit·, l'oubli du vieux principe quiritaire,
base première du sénatus-consulte, l'importance que le déve-

loppement et le rayonnement des idées chrétiennes vinrent donner à certains engagements moraux, eurent pour résultat de faire admettre des exceptions à la prohibition de l'intercession des femmes.

Ces exceptions, assez nombreuses, ont pour fondement, tantôt la cause elle-même de l'intercession, tantôt la position particulière du créancier, tantôt un fait personnel de la femme. C'est en nous plaçant à ces divers points de vue que nous allons les examiner.

68. 1° *Exceptions basées sur la cause de l'intercession.* La cause fondamentale des exceptions de cette catégorie se trouve dans l'accomplissement d'un devoir de concience, ou d'un acte charitable, digne d'être maintenu. Ainsi, bien qu'une mère ne soit pas civilement obligée à doter sa fille, cependant, comme une semblable constitution de dot n'est que l'accomplissement d'une obligation naturelle et d'un devoir de piété, les empereurs Valérien et Gallien admettent que la mère, qui aura engagé sa personne ou ses biens envers son gendre, ne jouira pas du bénéfice du sénatus-consulte. Les empereurs déclarent confirmer simplement la jurisprudence antérieure. C. 12, cod. h. t.

Mais cette idée d'obligation morale ne pouvait être admise qu'à l'égard de la mère ou des autres ascendantes, et il faut attendre le règne de Justinien pour que toute femme soit engagée par la promesse d'une dot, faite au profit d'une autre que sa fille. Cette décision, comme le dit l'empereur, est amenée par le relachement successif de l'ancienne prohibition : *Favore dotium et antiquos juris conditores severitatem legis sœpius mollire,* C. 25, cod. h. t.

69. L'intercession est encore valable, lorsqu'elle est motivée par une cause pieuse : Le Préteur peut, après enquête, autoriser une femme à défendre en justice *pro alio,* dans un procès sur la qualité d'esclave ou d'affranchi de son mari, de son père, de son fils ou d'un cognat ; mais toutefois dans le cas

seulement où nulle autre personne ne se présente pour jouer
le rôle d'*assertor libertatis* (1). De même, les ascendants de la
femme sont-ils empêchés par la maladie ou l'extrême vieillesse
de suivre un procès, leur descendante, si nul autre défenseur
ne se présente, sera autorisée, après enquête, par le Préteur,
à agir en justice.

70. 2° *Exceptions fondées sur la position du créancier.* —
L'intérêt inspiré par la situation de tel ou tel créancier est une
cause d'exception, dans les hypothèses suivantes : une femme
a intercédé auprès d'un créancier mineur de vingt-cinq ans ;
s'il poursuit la femme il pourra, comme tout autre créancier,
être repoussé par elle et renvoyé à poursuivre le débiteur primitif ; mais si dernier est insolvable, deux intérêts se trouvent en présence. Celui de la femme est sacrifié à la conservation de celui du mineur (2).

71. Le créancier, qui a traité de bonne foi, c'est-à-dire qui
a ignoré que la femme intercédait et qui a pu croire qu'elle
s'obligeait pour son propre compte, conserve son action contre
elle. L'erreur du créancier peut exister dans diverses circonstances ; notamment, lorsque la femme, ne figurant pas dans
l'opération, donne mandat à quelqu'un d'intercéder à sa place,
ou bien lorsqu'elle paraît contracter pour elle-même mais qu'elle
agit en réalité comme personne interposée, LL. 6 et 32, § 2,
D. h. t.

Ainsi la femme emprunte une somme d'argent, et la prête
elle-même à une autre personne qu'elle dispense de s'obliger ;
si le créancier a ignoré le but que se proposait la femme,
celle-ci reste obligée envers lui ; il ne saurait en être autrement,
sinon, comme le dit Paul, nul ne voudrait traiter avec les
femmes (3).

(1) L. 3, § 2, D. *de liberali causa*, 40, 12.
(2) L. 12, D. *de minoribus*, 4, 4.
(3) LL. 4, 11, 27, 28, § 1, D. h. t.

La constitution 13, au code, paraît adopter une solution contraire, mais l'antinomie n'est qu'apparente, car ce texte à trait à l'hypothèse où la femme emprunte pour donner ensuite à autrui : or, Ulpien nous a déjà dit qu'il n'y a pas d'intercession prohibée dans ce cas, L. 4, D. h. t.

72. Si l'ignorance du créancier fait écarter l'application du sénatus-consulte, à plus forte raison doit-il en être ainsi, quand l'*intercessio* ne serait établie que par la déclaration de celui pour lequel la femme aurait intercédé. C'est l'hypothèse prévue par Scœvola dans la loi 28. Le jurisconsulte repousse la règle du Velléien, parce que la déclaration frauduleuse d'un homme insolvable ne doit pas décider seule de la situation du créancier. D'après les faits accomplis, la femme avait emprunté pour son propre compte, le mari ne pouvait pas, par sa seule déclaration, se transformer de fidéjusseur en débiteur principal.

73. L'erreur commise par le créancier doit être excusable ; elle doit n'être qu'une erreur de fait et non une erreur de droit. Cette dernière, qui consisterait à croire à la validité des intercessions des femmes, serait entièrement inexcusable.

Nous avons déjà remarqué qu'on est plus sévère pour le créancier délégataire, auquel une femme est déléguée, que pour celui qui contracte dès le principe avec la femme ; en effet, avant d'accepter la délégation, il doit s'informer si la personne présentée est réellement débitrice du délégant, l. 17, D. h. t.

74. Quand même l'ignorance du créancier sur l'existence de l'intercession serait excusable, néanmoins la femme pourra invoquer l'exception du sénatus-consulte Velléien, dans l'hypothèse où le créancier qui la poursuit se trouve au fond des choses intercéder pour elle-même et n'être pas à proprement parler le créancier de celle-ci ; mais il est évident que, repoussé par la femme il pourra à son tour, puisqu'il est le répondant de cette dernière, repousser, au moyen de la même exception la poursuite dirigée contre lui. Telle est la décision donnée par Africain dans l'hypothèse assez compliquée de la loi 10, § 5.

Voici les faits : un créancier *primus* a pour débiteur Titius ; une femme Gaia voudrait décharger Titius de son obligation et s'engager à sa place envers Primus ; mais Primus, qui connaît le sénatus-consulte Velléien, refuse d'accepter la femme pour débitrice. Que fait alors celle-ci ? elle s'adresse à Sempronius qui ne se doute de rien ; elle lui demande une somme d'argent, avec la clause qu'il la versera entre les mains de Primus, et Sempronius fait promettre par stipulation à Gaia qu'elle lui restituera une somme égale. Mais, comme Sempronius n'a pas d'argent à sa disposition, il s'engage par stipulation à l'égard du créancier Primus ; telle est l'espèce. Deux cas peuvent se présenter.

Premier cas. Sempronius n'a pas encore payé le créancier Primus ; s'il agit contre la femme en vertu du mandat qu'elle lui a donné, celle-ci pourra le repousser par l'exception du sénatus-consulte. Si Sempronius est poursuivi par le créancier Primus, peut-il lui opposer l'exception ? Africain répond affirmativement. Partant de cette idée, que tout contractant, qui aurait l'action *mandati* contre la femme, doit être assimilé à un fidéjusseur, (idée déjà émise par Ulpien dans la loi 8, § 4), et du principe que les fidéjusseurs peuvent invoquer l'exception du sénatus-consulte, l. 10, § 1, D. h. t., Africain considère Sempronius comme un fidéjusseur de la femme, et par suite lui accorde l'exception contre le créancier Primus, *ne in mulierem mandati actio competat, ita mihi quoque adversus te utilis exceptio detur.*

Deuxième cas. Sempronius a déjà payé Primus ; les mêmes questions se présentent : Quelle sera la situation de Gaia envers Sempronius ; quelle sera celle de Sempronius envers le créancier ? Africain a hésité sur la solution. Gaia pourra-t-elle repousser Sempronius par l'exception et Sempronius, à son tour, pourra-t-il réclamer par la *condictio indebiti* ce qu'il a payé à Primus, comme le ferait un fidéjusseur [1] ? Ou bien,

[1] l. 40 D. *de condictione indebiti*, 12, 6 et l. 16, § 1, D. h. t.

l'affaire devra-t-elle être traitée comme si elle s'était accomplie de la manière suivante : la femme Gaia serait censée avoir d'abord fait *expromissio* avec le créancier, au lieu et place de Titius; puis, voulant payer sa dette, elle aurait emprunté à Sempronius la somme nécessaire et l'aurait remise au créancier. Mais le paiement, qui sert d'exécution à une intercession, est prohibé comme l'intercession elle-même. Aussi la femme aurait acquis une *condictio indebiti* contre Primus, qui serait ainsi devenu son débiteur; puis elle aurait délégué ce débiteur Primus à son propre créancier Sempronius, le prêteur de deniers, de façon que Sempronius devrait être traité comme un délégataire devenu créancier d'un véritable débiteur de la femme, auquel cas ce délégataire ne peut être repoussé par l'exception du sénatus-consulte, la femme ayant fait sa propre affaire (voir n° 61). — Mais Africain remarque, aussitôt, qu'une pareille interprétation est inadmissible, car, par la délégation de son propre débiteur, la femme n'est pas obligée, tandis que, dans l'espèce qui lui est proposée, la femme est tenue *ex stipulatu* envers Sempronius; donc, dit-il, l'analogie entre ces deux situations n'existe pas, *non recte comparari*, et alors il conclut implicitement en faveur de la première solution, à savoir que la femme repoussera Sempronius par l'exception du sénatus-consulte, et que Sempronius aura à son tour la *condictio indebiti* contre Primus, lequel recouvrera aussi son ancienne action contre le débiteur Titius.

Mais si dans les deux hypothèses, la femme peut toujours opposer l'exception au créancier Sempronius, malgré sa bonne foi, c'est parce que celui-ci n'est en réalité qu'un répondant de la femme intercédante; ce qui vient directement à l'appui de la règle que nous avions énoncée.

75. 3° *Exceptions basées sur un fait de la femme.* Le sénatus-consulte, ayant pour but de protéger les femmes contre leur facilité à promettre pour autrui, ne pouvait avoir en vue celles qui trompent le créancier, à l'aide de manœuvres frauduleuses.

Si donc la femme a commis un dol en intercédant, elle ne pourra pas invoquer son incapacité; ll. 23 et 30 , D. h. t., cc. 5 et 18, cod. h. t.

Dans certains cas, il sera facile de constater le dol accompli par la femme, mais d'autres hypothèses ont paru douteuses aux commentateurs. Ainsi Doneau admet que le silence de la femme ne constitue pas un véritable dol. Cette solution nous paraît contraire à la constitution 5 au Code; dans ce texte, l'empereur Alexandre distingue trois hypothèses : dans la première, les biens de la femme ont été engagés, sans l'assentiment de celle-ci, par le mari; d'après les principes généraux, il n'y aura pas de gage constitué. Dans la seconde hypothèse, la femme consent à laisser le mari donner en gage ses propres biens, au vu et su du créancier; elle pourra user de l'*exceptio senatus-consulti*. Dans le troisième cas, Alexandre suppose que la femme a gardé le silence, bien qu'elle sût que les biens lui appartenaient, et que leur engagement constituait une *intercessio ;* elle a laissé faire sans protester, *patientiam præstitit.* L'empereur décide qu'elle ne peut dès lors invoquer contre le créancier le bénéfice du sénatus-consulte, car « *infirmitati non calliditati mulierum consultum est.* »

70. La doctrine d'Alexandre est conforme à celle du juris-consulte Paul, qui déclare la femme privée de son bénéfice lorsqu'elle savait, en promettant, qu'elle ne serait pas tenue. La réticence de la femme constitue un fait frauduleux, car elle laisse ainsi croire au créancier qu'elle n'intercède pas et le trompe par conséquent sur le caractère de l'acte intervenu. Marcellus donne une solution identique dans l'hypothèse, où la femme s'est laissé déléguer comme débitrice du délégant, alors qu'elle ne l'était pas. A l'égard du délégataire, elle est privée de l'exception du sénatus-consulte, mais elle pourra se retourner contre le délégant et lui réclamer, ou qu'il la rembourse de ce qu'elle a payé, ou qu'il lui obtienne sa libération, le paiement n'étant pas encore effectué; l. 8, § 2, D. h. t.

77. La loi 8, § 13 refuse à la femme le bénéfice du sénatus-consulte lorsqu'elle a accepté la succession du débiteur pour lequel elle avait intercédé. La raison nous est indiquée par Pomponius dans la loi 95 D. de solutionibus (46, 3); la femme héritière du débiteur doit toujours acquitter la dette; qu'importe donc, comme le dit Ulpien, qu'elle soit poursuivie par l'action existant contre son auteur, ou par celle qui est née de sa stipulation?

78. Faut-il ranger parmi les faits qui font perdre à la femme le bénéfice du sénatus-consulte sa propre renonciation? La femme, en s'obligeant *pro alio*, peut-elle renoncer à se prévaloir de l'exception? Cette question a fait de tout temps l'objet d'une vive controverse. Elle divise aujourd'hui en deux camps les jurisconsultes allemands; elle a de même divisé autrefois les plus célèbres commentateurs des lois romaines. Vinnius, dans ses *selectæ quæstiones*, 1 48, indique que Doneau, Duaren, Antoine Favre et plusieurs autres encore pensaient comme lui, que la femme ne pouvait pas renoncer au bénéfice du sénatus-consulte.

Pour résoudre cette question, il faut, croyons-nous, soigneusement distinguer la jurisprudence classique de la législation de Justinien. Que nos anciens auteurs n'aient pas fait cette distinction, on le comprend sans peine. Ils devaient tout à la fois appliquer et les textes du Digeste et les constitutions de Justinien; ils pouvaient donc mêler ensemble ces monuments législatifs. Mais ceux qui, comme nous, ne consultent le Droit romain qu'à titre d'étude scientifique, ne doivent pas, ce nous semble, confondre les deux législations et oublier que trois cents ans séparent les réponses de Papinien des constitutions de Justinien.

En nous plaçant à l'époque classique et en nous inspirant de la pensée des auteurs du sénatus-consulte, il nous est impossible d'admettre que la femme puisse renoncer à *priori* à son bénéfice. En effet, si le but du sénatus-consulte a été d'exclure les femmes d'une trop grande participation aux affaires d'autrui, *virilibus officiis eas fungi non est æquum*, la prohibition est d'ordre public, et la thèse d'une renonciation valable est entièrement inadmissible. Nous avons souvent reconnu que le but secondaire de la prohibition proposée par Velleius Tutor, but plus énergiquement poursuivi par les jurisconsultes dans leurs commentaires, a été de garantir les femmes contre cette illusion, trop facile pour elles, qu'en intercédant elles n'auraient jamais rien à débourser. Or, la même confiance, qui portera la femme à s'obliger pour autrui, la poussera avec une égale force à renoncer à son bénéfice; l'entraînement sera aussi facile, puisqu'elle ne prévoit aucun sacrifice à faire. Il y aurait donc inconséquence à la protéger contre l'un de ces dangers, sans la garantir contre l'autre.

Vainement, objecterait-on que la nécessité d'une renonciation expresse éveillera l'attention de la femme, qu'elle consentira moins facilement, quand elle saura qu'une disposition législative la protège et qu'il est certains esprits que l'idée de renoncer arrêtera toujours. Ces arguments nous touchent peu. Celui qui aura pu faire croire à la femme que son engagement n'aura pas de résultat dangereux pour elle, celui-là n'aura pas plus de peine ensuite pour lui démontrer que sa renonciation n'engendrera pas de plus graves conséquences que l'engagement lui-même.

Nous croyons donc que, logiquement, la faculté de renoncer devait être refusée à la femme à l'époque classique. Cependant plusieurs textes admettent l'existence de la renonciation; mais la plupart appartiennent à la législation de Justinien. Nous les retrouverons plus tard. Un seul se rapporte à l'époque classique; il est de Pomponius (1). Ce jurisconsulte suppose qu'une femme, après avoir intercédé, voulant éviter que l'action primitive ne soit restituée contre le débiteur, se déclare prête à prendre en justice la défense de celui pour lequel elle a intercédé; et,

(1) L. 32, § 4. D. h. t.

comme elle pourrait opposer à l'*actio judicati* l'exception du
sénatus-consulte, le jurisconsulte répond : *cavere debebit ex-*
ceptione se non usuram et sic ad judicem ire. Ce texte, en effet,
paraît à première vue admettre la validité d'une renonciation.
Mais nous remarquerons d'abord, qu'il s'occupe d'une renonciation postérieure à l'engagement de la femme et qu'on ne peut
en argumenter pour valider la renonciation concommittante à l'intercession que la femme pourrait vouloir faire; en effet, dans ce
dernier cas l'illusion, comme nous l'avons dit, est toujours possible, tandis que, quand le créancier poursuit le débiteur et
que le moment de l'exécution est arrivé, la femme ne peut plus
croire ni espérer que le débiteur acquittera sa dette lui-même.

En traitant des effets du sénatus-consulte, nous verrons que
la femme est libre d'invoquer ou non le bénéfice; il lui est loi-
sible de ne pas se soustraire à l'action du créancier, de ne pas
lui opposer l'exception, de ne pas exercer la *condictio indebiti*
(l. 31) si elle a payé par erreur, et elle n'acquiert pas même
cette *condictio* si, connaissant la prohibition du Velléien et la
faculté qu'elle a de se soustraire à son obligation, elle paie
néanmoins le créancier. Or, qu'est-ce que ce paiement fait en
connaissance de cause, sinon une renonciation postérieure, implicite mais formelle, au bénéfice du sénatus-consulte. En
payant volontairement, la femme accomplit une renonciation
tacite, et cet acte n'est permis, que parce qu'il se présente sous
la forme d'une aliénation actuelle, ne laissant aucune espérance
à la femme, celle-ci, d'ailleurs, nous l'avons déjà vu, pouvant
valablement payer la dette d'autrui (1).

Or, pourquoi tout acte, postérieur à l'intercession, qui im-
pliquera l'idée d'une aliénation inévitable, ne serait-il pas traité
comme le paiement? Telle est, croyons-nous, la pensée de Pomponius. Entre la position de la femme qui paie, et la situation de
celle qui, sur les premières poursuites du créancier contre le
débiteur, vient s'offrir à subir condamnation, l'analogie n'est-

(1) L. 40, D. *De conditione indebiti*, 12, 6. — C. 9. Cod. eod. tit., 4-8.

elle pas évidente? Dans ce cas, l'espérance d'un recours n'est pas possible, et, la base du sénatus-consulte faisant défaut, la femme se trouve dans une situation telle, que la protection n'a plus de raison d'être. Elle est donc capable? Mais comment faire valoir cette capacité, à l'aide de quel moyen juridique? Telle est la question qui préoccupe Pomponius, et la solution la plus naturelle lui paraît être la renonciation à l'exception déjà acquise à la femme.

Mais qu'il y a loin de cette situation à celle de la femme qui voudrait renoncer au moment même où elle intercède ! Aussi croyons-nous qu'il faut faire la distinction suivante : la renonciation concomittante à l'intercession doit toujours être rejetée ; celle, au contraire, qui se produit sous la forme d'un acte postérieur, impliquant forcément une aliénation immédiate, comme le paiement, ou prochaine, comme au cas de condamnation, nous paraît devoir être validée par l'application même des principes généraux.

CHAPITRE II

DES EFFETS DU SÉNATUS-CONSULTE VELLÉIEN.

79. La prohibition du sénatus-consulte produit ses résultats, tant à l'égard de la femme qu'à l'égard du créancier. Si la première doit être protégée, le second ne doit pas perdre, et il serait injuste que l'intercession de la femme eût pour résultat définitif d'enrichir un débiteur au détriment de son créancier. Nous examinerons donc, dans deux sections, les effets produits par le sénatus-consulte à l'égard de la femme et ceux opérés à l'égard du créancier.

SECTION PREMIÈRE.

Effets du sénatus-consulte Velléien à l'égard de la femme.

80. Le sénatus-consulte Velléien vient en aide à la femme de trois manières, soit en la mettant à l'abri contre toute action du créancier, soit en lui accordant une exception ou une réplique, soit enfin en lui permettant de faire usage d'une *condictio inde-bili*, ou d'une action en revendication.

§ I. — *Refus d'action au créancier.*

81. L'étude de ce mode de protection n'exige pas de grands développements; il suffit de recourir aux termes du sénatus-consulte, l. 2, § 1, qui défendent de donner contre les femmes une action quelconque, soit réelle, soit personnelle, à raison de leur intercession. Toutefois le Préteur ne peut refuser l'action que s'il est prouvé que l'acte de la femme est réellement une intercession. Si cette preuve n'est point faite, le Préteur ne pourra pas refuser la délivrance de la formule; mais il y insérera l'exception du sénatus-consulte Velléien.

§ II. — *Eception et réplique du sénatus-consulte Velléien.*

82. Lorsque l'existence même de l'intercession est contestée, ou lorsque le créancier prétend que la femme intercédante se trouve dans un des cas d'exception au sénatus-consulte, le Préteur ne vide pas le litige lui-même; il donne au créancier

l'action réclamée, mais il insère à la suite de l'*intentio* une exception qui était probablement conçue en ces termes : *si nihil in eâ re contra senatus-consultum Velleianum factum fuerit.*

83. L'exception du sénatus-consulte Velléien est péremptoire et perpétuelle; elle est *rei cohærens*, c'est-à-dire attachée non à la personne mais à l'acte, de telle sorte que l'exception est donnée à la femme, non en vertu d'une qualité personnelle, non pas parce qu'elle est femme, mais parce qu'elle a intercédé (1).

84. De ce caractère, il résulte que l'exception est accordée non-seulement à la femme, mais à toute personne obligée par suite de l'intercession de la femme. C'est l'opération toute entière que le sénat repousse; elle ne doit avoir d'effet obligatoire pour qui que ce soit. Ainsi l'exception est donnée : 1° aux héritiers de la femme; 2° à son mandataire; 3° à son fidéjusseur (2). Mais faudra-t-il accorder l'exception au fidéjusseur de la femme lorsqu'il est intervenu *animo donandi*, c'est-à-dire lorsqu'il n'a pas de recours à exercer contre elle? Julien est pour l'affirmative, contrairement à l'opinion de Gaïus Cassius; ce dernier jurisconsulte voulait appliquer une règle analogue à celle posée à l'égard du sénatus-consulte macédonien, l. 9, § 3. *De senatus-consulto macedoniano*, 14, 6. Doneau s'est efforcé de justifier la décision de Julien, en s'appuyant surtout sur ces mots du jurisconsulte, que le sénatus-consulte *totam obligationem improbat*. Nous croyons que l'opinion de Julien peut-être défendue par une meilleure raison que celle qu'il invoque. La femme, n'étant même pas tenue *naturaliter* et devant être protégée envers et contre tous, jouit de l'exception contre le fidéjusseur, auquel elle aurait donné mandat; de telle sorte que l'*actio mandati* est paralysée entre les mains de celui-ci; or, au fond, n'est-ce pas la même chose que n'avoir pas d'action, ou en avoir une paralysée par une ex-

(1) Ll. 3 et 7, § 1. *De exceptionibus*, 44, 1.
(2) Cc. 14, 18, 20, 30, § 1. *Cod. h. t.* — L. 7, § 1, D. *De excep.* 44, 1.

4

ception perpétuelle. Si donc dans aucun cas, le fidéjusseur n'a de recours efficace contre la femme, pourquoi ne pas traiter de la même manière le fidéjusseur mandataire et celui qui a agi *animo donandi?* 4° L'exception est encore accordée à celui qui a hypothéqué sa chose pour la garantie de l'obligation contractée par la femme intercédante, quand même il serait venu au secours de celle-ci *animo donandi* (1). 5° A celui qui, n'étant pas débiteur de la femme, a été délégué par celle-ci ; il aurait un recours contre elle comme un fidéjusseur. 6° Au fidéjusseur du débiteur principal, qui n'est intervenu que sur le mandat de la femme, et dans le cas où le créancier a connu les faits. Si le créancier était de bonne foi, le fidéjusseur ne pourra lui opposer l'exception du sénatus-consulte et sera aussi privé de tout recours contre la femme, ll. 6 et 32, § 3. Ce fidéjusseur paraît donc devoir supporter seul le poids de la dette ; mais Papinien vient à son secours, en lui donnant une action *negotiorum gestorum* contre le débiteur principal, quoique ce fidéjusseur n'ait pas eu en vue l'intérêt de ce dernier, mais celui de la femme. Considérant que son argent a servi à libérer le débiteur, Papinien s'attache plus au résultat qu'à l'intention, et nous savons que cette manière de voir avait été déjà adoptée par Africain en matière de gestion d'affaires (2).

85. L'exception du sénatus-consulte est donnée *contre* quiconque exerce une action, dont l'origine se trouve dans l'intercession de la femme, par exemple contre le créancier, le fidéjusseur et le mandataire de la femme, contre le préteur de deniers ou le promettant, dans l'espèce prévue par Africain et dont nous avons développé ci-dessus l'explication : ll. 7, 10, § 5, 32, § 3, D. h. t.

86. De même que, en haine du créancier, on accorde aux *filiusfamilias* condamné l'exception du sénatus-consulte contre

(1) L. 2, D. *Quæ res pignori*, 20, 3.
(2) L. 7, D. h. t. et 49, D. *De negotiis gestio*, 3, 5.

l'*actio judicati*, de même on accorde à la femme la faculté d'opposer l'exception du Velléien, même alors que la sentence a été
rendue ; car c'est le seul moyen de protéger efficacement la
femme, qui doit être considérée comme ayant omis par erreur
d'opposer l'exception ; ll. 9, § 5, 10 et 11, D. de sen.-cons.,
Mac.

L'exception peut se présenter sous la forme de réplique : elle
est dans ce cas encore soumise aux mêmes règles ; ll. 17, § 1,
32, § 2, D. h. t.

§ III. — *De la condictio indebiti.*

87. Le sénatus-consulte Velléien, à la différence de Macédonien, ne laisse pas même subsister une obligation naturelle.
En effet, ce qui caractérise l'existence d'une obligation de cette
nature, c'est le refus de la *condictio indebiti* (1) ; or la femme,
qui a payé dans l'ignorance de l'exception perpétuelle que lui
accordait le sénatus-consulte, peut répéter le paiement qu'elle
a fait.

D'un autre côté, Julien et Gaius nous disent que les fidéjusseurs et les gages fournis en garantie de l'obligation d'une
femme intercédante ne sont pas obligés, tandis qu'il est de
principe certain que l'existence d'une obligation naturelle,
est une base suffisante pour la validité des gages et des hypothèques et de l'engagement d'un fidéjusseur (2).

Admettre, en effet, l'existence d'une obligation naturelle à
la charge de la femme, c'eût été valider indirectement son *intercessio*, puisque tous les actes d'exécution, accomplis par elle,

(1) LL. 13, 19, D. de cond. indeb. 12; 6 ; — 16, § 4, de fidej., 46, 1 ; —
10, de oblig. et act. 44, 7.
(2) LL. 16, § 1, D. h. t.; — 16, § 3, de fidejus. 46, 1 ; — 13 de cond.
ind., 12, 6 ; — 2, quæ res pignori, 20, 3.

eussent dû être maintenus. Pour que la protection du sénatus-consulte, fut entièrement efficace, il fallait que l'opération fut complétement nulle : *totam obligationem senatus improbat.*

88. La faculté d'exercer la *condictio indebiti* ne soulèverait donc aucune difficulté, si l'on supposait seulement le cas, où la femme a payé par erreur. Mais on s'est demandé si payer dans l'ignorance de l'exception perpétuelle n'était pas commettre une erreur de Droit, et si on peut fonder une *condictio indebiti* sur une erreur de cette nature. Sans vouloir examiner la question si débattue de l'admissibilité de l'erreur de Droit, nous dirons qu'alors même, et ce n'est pas notre pensée, que l'erreur de Droit ne pourrait pas servir de cause à la *condictio indebiti*, il faudrait toujours reconnaître que la femme pouvait exceptionnellement s'en prévaloir (1).

89. La femme, qui a payé sachant qu'elle n'était pas tenue, ne peut pas exercer la *condictio indebiti*. Mais, si au lieu de payer, elle a délégué son débiteur pour accomplir ainsi l'obligation qu'elle avait contractée elle-même, elle aura la *condictio* pour reprendre son ancienne créance contre ce débiteur. L. 8, § 3, D. h. t.

90. La *condictio indebiti* est accordée à la femme et au prétendu débiteur, délégué par la femme qui, se croyant à tort tenu envers elle, a payé le créancier délégataire. Avant même de payer, ce délégué aurait pu ou opposer, en qualité de mandataire de la femme, l'exception du sénatus-consulte, ou, prenant les devants, intenter contre le créancier une *condictio incerti* pour obtenir acceptilation ; ll. 8, §§ 4 et 6, 5, 7, §1, D. de doli mali., 44, 4.

91 La *condictio indebiti* est accordée par Africain au créancier

(1) LL. 8, 9, D. *de juris et facti...*, 22, 6. — C. 9 cod. h. t. — C. 3, cod* *Theod de integr. restit.* 2, 16. — Voir de Savigny. traité de Droit romain, t. III, appendice.

de la femme, qui aurait contre elle un recours, comme ayant intercédé pour elle. L. 10, § 5, D. h. t.

§ IV. — *De la revendication.*

92. Lorsque la femme a livré sa chose en exécution de son intercession, elle peut la revendiquer contre l'*accipiens*. De même, si elle a constitué sur sa chose un droit réel de gage ou d'hypothèque, elle peut revendiquer ce droit réel et reprendre sa chose libre de toute charge, et, avec cette chose, les fruits qu'elle a produits et une indemnité à raison des détériorations que l'*accipiens* lui a fait subir.

93. Si le créancier gagiste ou hypothécaire a vendu à un tiers le fonds qu'il avait reçu de la femme, celle-ci pourra, d'après Pomponius, quoique la question eût été douteuse, exercer la revendication contre l'acquéreur, même de bonne foi ; la situation de ce dernier ne peut être meilleure que celle de son vendeur, le créancier hypothécaire. L. 32, § 1 et § 2, D. h. t.

94. Dans ces divers cas l'aliénation, reposant sur une cause illicite, est considérée comme non avenue ; la femme restée propriétaire, peut revendiquer, sans craindre aucune exception, car, si le créancier lui opposait la constitution d'hypothèque ou l'acheteur l'exception *rei venditæ*, elle répondrait à l'un et à l'autre par la réplique du sénatus-consulte Velléien. L. 32, § 2.

SECTION II.

Des effets du sénatus-consulte à l'égard du créancier.

95. Dans les cas d'intercession cumulative, le créancier conservera son action contre le débiteur, pour lequel la femme a in-

tercédé. Le préjudice que lui cause la prohibition du sénatus-consulte se réduit à lui dénier la garantie accessoire promise par la femme. La situation de ce créancier n'a pas périclité : nous n'avons pas à nous en occuper.

96. Au contraire, lorsqu'on est dans un cas d'intercession privative, le débiteur primitif a été libéré ; déclarer alors que le créancier n'aura pas d'action contre la femme, ou sera repoussé par elle, serait causer la perte complète de son droit. Si le sénatus-consulte Velléien n'avait d'autre effet que de libérer la femme, le débiteur, pour lequel elle a intercédé, s'enrichirait aux dépens du créancier. Ce résultat évidemment inique, le Préteur le fait disparaître. La femme, en opposant l'exception, a détruit, en ce qui la touche, l'effet de son intercession ; le Préteur achèvera d'anéantir les suites de cet acte, en rétablissant, à l'encontre du débiteur originaire, l'action primitive.

§ I. — *Caractère de l'action restitutoire.*

97. Les interprètes ne sont pas d'accord sur le caractère de la restitution accordée par le Préteur au créancier. D'après quelques-uns ce serait une véritable *in integrum restitutio*. Telle est l'opinion de Doneau et de Voët (1). Nous pensons que le Préteur accorde au créancier son ancienne action sous forme d'une *actio utilis*. Outre qu'Ulpien est formel en ce sens, l. 8, §.7, 8, 9, 12 et 13, nous ne trouvons dans cette restitution, aucun des caractères de l'*in integrum restitutio*. Ainsi il n'est jamais parlé à propos du Velléien, ni de *causæ cognitio*, ni du *decretum prætoris*, deux conditions essentielles de la restitution en entier. Cette dernière ne peut être

(1) Doneau, *commentarii juris civilis*, t. III. — Voët, *ad pandectas*, h. t.

demandée que dans le délai d'une année utile; elle est un secours
extraordinaire, l'*ultimum remedium*, auquel on ne peut recourir, tant que l'on a une autre ressource à sa disposition.

98. Au contraire, l'action restitutoire accordée au créancier
est perpétuelle; elle concourt avec d'autres moyens d'attaque
et peut toujours être exercée par le créancier ; enfin elle est appelée par Gaius une action de droit commun. L. 10, 8, § 13,
D. h. t. — 12 D. *de min.*, 4, 4.

Il est donc impossible de l'assimiler à la *restitutio in integrum*.
Elle est, tout simplement, l'ancienne action que le Préteur,
ne tenant pas compte, *jure prætorio*, de l'extinction pro-
duite, restitue *utiliter* au créancier. Si elle est quelquefois
appelée *rescissoria*, c'est par allusion à l'intercession de la
femme que le Préteur considère comme ne s'étant jamais
opérée. Il la donne au créancier en introduisant dans la formule une fiction, ainsi qu'il le fait à propos de l'action rescisoire
d'usucapion, ou de celle qu'il donne contre le *capite mi-
nutus* (1).

§ II. — *Dans quels cas a lieu cette restitution.*

99. La restitution d'action est accordée par le Préteur, dans
tous les cas où la femme est venue prendre la place du débiteur
primitif par un acte constituant une *intercessio*. Mais le Préteur
ne s'arrête par là; et, dans l'hypothèse où la femme a intercédé
pour dispenser un tiers de s'obliger, comme il est impossible de
restituer au créancier, contre ce tiers, une action qu'il n'a
jamais eue, le Préteur lui en accorde une ; *magis instituit*, dit
Ulpien, *quam restituit obligationem*. Cette action sera de même
nature que celle que le créancier avait contre la femme, et, si

(1) Gaius iv, 38. — Instit iv, 6, § 5.

celle-ci était tenue *ex stipulatu*, le tiers sera poursuivi *quasi ex stipulatu*; l. 8, § 14, D. h. t.

100. Si Ulpien accorde ainsi au créancier une action contre une personne, qui n'a jamais été engagée contre lui, Paul va plus loin encore. Il institue une action hypothécaire qui n'a jamais appartenu au créancier. Il suppose qu'une femme, voulant intercéder pour les héritiers de Titius, emprunte une somme d'argent et donne un gage au créancier, puis elle remet cet argent aux héritiers de Titius et reçoit d'eux à son tour des choses en gage : Paul admet qu'il y a intercession, et il accorde au créancier une action contre les débiteurs de la femme, et, par voie de conséquence logique, une action hypothécaire sur les gages, que ses débiteurs avaient consentis à la femme elle-même et qui viennent ainsi, pour le créancier, prendre la place de ceux que la femme lui avait donnés; L. 20, D. h. t.

101. Quand le créancier a fait acceptilation à la femme intercédante, il semble que son action contre le débiteur primitif ne devrait pas lui être restituée. Cependant Ulpien et Marcellus (1), la lui accordent; cette acceptilation n'a aucune valeur, puisque l'obligation de la femme était inefficace. Si la femme n'avait pas intercédé, ou si elle s'était trouvée dans un des cas d'exception indiqués plus haut, son obligation étant alors efficace, le créancier ne ferait pas un acte nul en lui faisant acceptilation, et, comme il aurait acquis contre la femme une action sérieuse, il ne pourrait par son fait détruire la novation opérée et porter atteinte aux droits acquis de son ancien débiteur.

102. Par application de la même idée, Ulpien décide encore, en adoptant l'opinion de Julien, que, le créancier devenant héritier de la femme, la confusion opérée n'empêchera pas la restitution de l'action primitive; car il a succédé à une obligation inerte, et Julien ajoute qu'on ne tiendra pas compte de

(1) L. 8, § 9, D. h. t.

cette dette de la femme pour le calcul de la *quarte Falcidie*, L. 8, § 12, D. h. t. •

103. En dehors des cas dans lesquels la femme est valablement obligée, l'action primitive ne sera pas toujours restituée au créancier. Elle lui est refusée exceptionnellement dans les hypothèses suivantes : 1° la restitution ne serait d'aucune utilité pour le créancier, parce que le débiteur primitif n'est pas valablement obligé, comme le fils de famille emprunteur de deniers, le pupille non autorisé par son tuteur et non enrichi, L. 8, § 15. — 2° Lorsque toutes les actions primitives n'ont pas disparu ; ainsi le créancier qui avait contre le débiteur une action personnelle et une action hypothécaire n'a pas besoin d'obtenir la restitution de cette dernière ; d'après les principes particuliers qui régissent cette action, elle n'est éteinte que lorsque *soluta est pecunia vel satisfactum*, L. 13, § 1, D. h. t. — 3° Lorsque le créancier fait avec le débiteur primitif un nouveau contrat engendrant à son profit une action ; dans la loi L. 8, § 8, Ulpien suppose que le créancier a fait acceptilation au débiteur qui promettait de donner un *expromissor*, le contrat *do ut des* s'est formé ; le nouvel obligé est une femme qui invoque son incapacité ; le créancier n'a pas besoin de recourir à l'action primitive, il a acquis contre le débiteur une *condictio ob rem dati, re non secuta*, celui-ci n'ayant pas exécuté sa promesse.

§ 3. — *A qui et contre qui l'action est-elle restituée ?*

104. — La restitution de l'action primitive a lieu, en faveur de toute personne qui, à défaut du Velléien, aurait pu se prévaloir de l'intercession. Elle sera accordée au créancier, à ses héritiers et à ses successeurs prétoriens. Mais dans l'hypothèse où l'un de plusieurs créanciers corrés a fait novation avec

la femme, l'action n'est restituée qu'à celui-ci; les autres ont
entièrement et définitivement perdu leurs droits contre ce débiteur; car chacun des créanciers corrés peut nover la créance et
faire ainsi, comme le dit Venuleius, perdre cette créance aux
autres (1).

105. A l'inverse l'action est restituée contre tous ceux qui
jure civili ont été libérés par l'intercession de la femme, contre
le débiteur primitif, ses héritiers et successeurs prétoriens,
contre ces fidéjusseurs, contre les *correi promittendi*, alors
même que la femme n'eût intercédé que pour un seul d'en-
tr'eux : tous ont profité de cette *intercessio* et le créancier doit
être remis dans l'état primitif; — contre le maître de l'esclave
et le père du fils de famille dans les cas, bien entendu, où
l'engagement de l'esclave ou du *filius* peut obliger le *paterfamilias*, LL. 1, 9, 10, 14, et 32, § 5, D. h. t.

106. Si la femme devient héritière du débiteur primitif, le
créancier a alors le choix entre son ancienne action ou l'action
ex stipulatu contre la femme qui, par l'effet de la confusion
résultant de l'adition qu'elle a faite de l'hérédité du débiteur,
se trouve avoir perdu le bénéfice de l'exception; elle agit en
effet dans son propre intérêt (2).

§ 4. — *Pendant quel temps l'action peut être restituée.*

107. Le créancier peut immédiatement agir contre l'ancien
debiteur; cette décision paraîtra peut-être extraordinaire, car
rien ne prouve encore que la femme invoquera le sénatus-consulte pour se dispenser de payer, ou intentera la *condictio inde-*

(1) L. 31, § 1, D. *de novat.*, 46, 2. — L. 8, § 11, D. h. t.
(2) L. 95, § 2, D. *de solut.*, 46, 4. — L. 8, § 13, D. h. t.

bili, si elle a déjà effectué le paiement. Mais ce ne sont là que de pures éventualités, et, en attendant qu'elles s'accomplissent ou non, le débiteur pourrait très-bien devenir insolvable, de telle sorte que le créancier acquerrait contre lui un recours entièrement inefficace. Il ne fallait donc pas le laisser dans une incertitude aussi préjudiciable.

108. La même solution doit être donnée, alors même que l'obligation de la femme serait conditionnelle ; le même risque existe toujours pour le créancier. Si la condition ne se réalise pas, son ancien débiteur sera bien resté obligé, mais, dans l'intervalle, il aura pû devenir insolvable. Si la condition se réalise, la femme sera obligée, mais alors, comme dans le cas d'une obligation pure et simple, qui peut dire qu'elle n'invoquera pas le sénatus-consulte Velléien ? Ainsi, dans tous les cas, il faut accorder au créancier la faculté d'intenter immédiatement l'action.

109. L'action est restituée avec son caractère primitif ; perpétuelle, elle restera perpétuelle ; temporaire, elle ne pourra être intentée que temporairement. Seulement dans ce dernier cas, comment devra être calculé le temps utile pour exercer l'action ? La loi 24, § 3, répond à la question en des termes quelque peu ambigus. Pothier et Cujas les ont intéprétés comme signifiant que le temps a toujours couru du jour où l'obligation a été contractée avec l'ancien débiteur, parce que le créancier a toujours pû agir, même après l'*intercessio* de la femme (1). Mais pour donner cette interprétation, Cujas et Pothier sont obligés de corriger le texte et de remplacer *quamvis* par *quoniam*. Nous croyons qu'il faut conserver le texte dans son intégrité, et que Paul veut dire, qu'au temps qui s'est écoulé entre la naissance de l'action primitive et l'intercession de la femme, il faudra ajouter le temps couru depuis la restitution de l'action. On ne tiendra nul compte des jours écoulés,

(1) Pothier, *Pandectæ*, h. t.

depuis celui de l'intercession jusqu'à celui de la restitution. En d'autres termes, on doit opérer comme on le fait en Droit français quand il s'agit de la suspension de la prescription. Pourquoi Paul fait-il ainsi abstraction du temps intermédiaire couru entre l'intercession et la restitution? parce que le créancier a pu espérer, que la femme n'invoquerait pas le sénatus-consulte; et c'est justement parce qu'il a eu cet espoir qu'il n'a pas agi, par pitié pour l'ancien débiteur; or, l'exposer à perdre sa créance, s'il se laisse guider par ce sentiment, serait empirer la situation du débiteur.

110. Ainsi à l'aide des divers moyens, que nous venons d'examiner, l'*intercessio* de la femme est anéantie dans tous ses résultats, tant à l'égard de cette dernière, qu'à l'égard du créancier et du débiteur qu'elle a voulu secourir. Mais cette législation n'est pas restée invariable, et Justinien y a apporté de profondes modifications que nous allons examiner.

Troisième Partie.

Innovations de Justinien.

111. Justinien a apporté plusieurs innovations aux principes, admis par les jurisconsultes classiques, à l'égard des intercessions des femmes.

1° Favorable aux affranchissements, il valide l'obligation prise par la femme comme débitrice principale ou comme caution, pour obtenir l'affranchissement d'un esclave, C. 24, cod. h. t.

2° Les empereurs Valérien et Gallien (ci-dessus n° 68) avaient validé l'intercession de la mère ou de l'ascendante, à l'aide de laquelle elles constituaient une dot à leur fille ou petite-fille. Justinien étend cette exception à toute femme promettant une dot pour une autre qne sa propre fille. C. 15, cod. h. t.

3° Nous avons déjà expliqué comment Justinien, voulant trancher les difficultés soulevées par l'inteprétation des lois 16 et 22, D. h. t., avait, dans la constitution 23, déclaré qu'il suffirait que la femme eut reçu quelque chose pour que son intercession fut valable ; nous avons rappelé aussi les controverses auxquelles a donné naissance cette même constitution.

4° Distinguant entre des textes appartenant à diverses époques, nous avons admis que la femme ne pouvait pas, avant Justinien, renoncer valablement au bénéfice que lui accordait le sénatus-consulte. L'empereur change la jurisprudence sur ce point, et continuant le travail de destruction déjà commencé par l'introduction de nombreuses exceptions, il permet à la femme de repousser le secours que les anciens législateurs avaient voulu lui donner : désormais elle pourra renoncer au bénéfice du sénatus-consulte, lorsque, mère ou aïeule, elle voudra obtenir la tutelle de ses descendants (1).

112. 5° Dans la constitution 22, cod. h. t., l'empereur déclare que la femme, qui, au bout de deux ans, renouvelle son *intercessio*, ne peut plus invoquer le sénatus-consulte. Le renouvellement, fait avant l'expiration de deux ans, ne produirait aucun effet (ce qui prouve que la femme ne peut pas renoncer au moment même où elle contracte). Justinien ne voit dans ce renouvellement, anticipé qu'une conséquence de la même fragilité qui, une première fois, a été la cause de l'intercession. Le laps de deux ans écoulé, si la femme, par une nouvelle inter-

(1) C. 3, cod. *quando mulier*, 5, 35.

cession, se charge encore de la même dette, sa volonté parait tellement arrêtée que le sénatus-consulte ne s'appliquera plus. Justinien explique cette persévérance, en supposant que la femme a un intérêt caché à agir ainsi ; car, après deux ans, la réflexion a dû lui montrer le danger qu'elle courait et, si elle persiste à s'y exposer, c'est qu'elle trouve au fond des choses un certain avantage à le faire. Quand même le motif donné par l'empereur paraîtrait insuffisant, la solution qu'il adopte serait encore acceptable. L'entraînement que la femme a pû subir, l'illusion qu'elle a pû se faire lors de son engagement, ont dû cesser ; elle a eu le temps de la réflexion, *sæpius cogitare poterat et evitare*, or protéger la femme contre son entraînement était devenu depuis longtemps l'unique but de la prohibition du Velléien.

113. 6° Dans la C. 23, § 2, Justinien décide que les femmes ne pourront désormais s'obliger pour autrui, que par un acte public signé de trois témoins. L'absence de cette formalité entraînera la nullité complète de l'opération, absolument comme si la femme n'avait pas agi, *nec senatus-consulti auxilium imploretur sed sit libera et absoluta quasi penitus nullo in eadem causa subsecuto.* Cette disposition est claire et précise. Il semble qu'elle ne doive pas soulever de difficultés et, cependant, les plus graves controverses ont été élevées sur l'interprétation de cette constitution, pour déterminer dans quels cas elle est applicable.

Trois opinions sont en présence. Dans la première, qui remonte au XII° siècle, la formalité d'un acte public serait exigée, dans les cas seulement où la femme peut invoquer le sénatus-consulte. La rédaction d'un acte semblable ne serait pas nécessaire dans les cas exceptionnels où la femme est valablement obligée par son intercession.

Dans une deuxième opinion, la formalité de l'acte public ne serait pas nécessaire dans les cas exceptionnels, mais, lorsqu'elle a été accomplie, la femme serait efficacement obligée dans tous les cas possibles, sans pouvoir jamais invoquer le sénatus-consulte Velléien; de telle sorte que la rédaction d'un acte écrit lui ferait perdre, par elle seule, son bénéfice. Cette dernière opinion n'est guère adoptée qu'en Allemagne (1).

Nous préférons la troisième qui, comme la première, remonte aux glossateurs. La formalité d'un acte public est nécessaire dans tous les cas, non-seulement lorsque la femme a fait une intercession prohibée, mais même dans les cas où elle était autrefois efficacement obligée par son intercession. Depuis Justinien, elle n'est tenue que si un acte public a été rédigé. Une intercession, qui eût été valable d'après les anciens principes, devient nulle par le défaut d'accomplissement des formalités prescrites; mais l'intercession autrefois prohibée n'est pas validée par la rédaction d'un acte semblable. Un seul cas est excepté, c'est celui où la femme a reçu quelque chose pour intercéder. L'empereur la déclare obligée *sive sine scriptis, sive per scripturam sese interposuerit.* A proprement parler ce n'est point là une exception, puisque, quand la femme agit dans son intérêt, il n'y a pas intercession prohibée.

Nous appuyons cette interprétation sur les termes mêmes de la constitution qui repoussent formellement la deuxième opinion : *tunc enim tantummodo eas obligari et sic omnia tractari quæ de intercessionibus feminarum, vel veteribus legibus cauta, vel imperiali auctoritate introducta sunt.*

La première opinion doit être aussi rejetée, car le texte est formel. Si les formes ont été négligées, *sin autem extra eamdem observationem..... pro nihilo habeatur sine scriptis obligatio tanquam nec confecta.* Justinien ne distingue donc, en aucune façon, si l'on se trouve ou non dans un des cas d'exception au sénatus-consulte.

La constitution de Justinien peut se résumer ainsi : la femme intercède-t-elle sans un acte public, l'opération est nulle, inexistante, même dans les cas où l'exception du sénatus-consulte

(1) Voir M. Gide, p. 218.

était refusée à la femme, ou repoussée par une réplique ; a-t-il été dressé un acte public, la théorie du sénatus-consulte est alors applicable dans toute son étendue et la femme jouit, hors les cas exceptés, de l'exception du sénatus-consulte.

114. Nous ajouterons que la renonciation au sénatus-consulte et celle que la femme voudrait faire au bénéfice que Justinien lui accorde dans cette même loi 23, § 2, ne peuvent avoir aucun effet et ne valident pas une intercession nulle pour défaut de forme. Malgré cette double renonciation, tout sera inexistant ; car on ne comprend pas qu'une renonciation ou ratification puisse valider un acte juridique inexistant.

115. 7° Auguste et Claude s'étaient d'abord préoccupés des intercessions consenties par les femmes en faveur de leur mari. Ce cas fut plus tard compris dans la disposition générale du sénatus-consulte Velléien, et les intercessions des femmes mariées furent traitées de la même manière que celles des filles et des veuves. Mais, quand Justinien eut admis que la femme pourrait renoncer (au bout de deux ans) au bénéfice du sénatus-consulte, le danger des intercessions en faveur du mari se réveilla avec toute sa gravité. L'empereur sentit la nécessité d'une réglementation particulière. Elle fait l'objet de la Novelle, 134, chapitre 8 ; Justinien décide que toute obligation de la femme, en faveur de son mari, est radicalement nulle, quand même elle aurait été renouvelée plusieurs fois, *multoties*, et serait constatée dans un acte public. La disposition de cette Novelle a été reproduite dans le code de Justinien sous forme d'extrait par Irnerius et est connue sous la désignation de l'authentique *si qua mulier*.

La Novelle frappe de nullité les intercessions ordinaires, celles mêmes qui n'auraient pas le caractère des actes prohibés par le sénatus-consulte Velléien. Justinien excepte en effet formellement le cas, où l'argent emprunté a été employé dans l'intérêt de la femme ; or, comme ce cas est de ceux dans lesquels il n'y a pas intercession velléienne, l'empereur n'aurait pas eu besoin d'en faire une mention expresse, si sa nouvelle constitution ne se fut appliquée qu'aux obligations interdites par le sénatus-consulte. La Novelle s'applique donc à toutes les intercessions, dans lesquelles la femme a géré sa propre affaire ou a agi *animo donandi*. Ainsi, la femme a-t-elle reçu quelque chose comme prix de son intercession, la constitution 23 ne s'appliquera pas et l'obligation sera entièrement nulle, si elle a été contractée envers le mari. De même encore, l'intercession faite au profit du mari *animo donandi* est annulée par la Novelle ; et cette disposition est nécessaire, car, si les donations entre époux sont nulles, elles sont aussi validées, depuis la constitution d'Antonin Caracalla, par le prédécès de l'époux donateur, persévérant dans sa volonté jusqu'à sa mort. L'intercession eût donc été validée par la mort de la femme, si, d'après l'authentique, il n'en fallait prononcer l'inexistence.

116. La femme ne pourra pas renoncer au bénéfice de l'authentique *si qua mulier* à l'effet de rendre obligatoire son intercession pour son mari. Vainement objectera-t-on que les femmes peuvent, en renouvelant leur intercession au bout de deux ans, renoncer au bénéfice du Velléien. Nous répondrons, comme nous l'avons fait à propos de la constitution 23, § 2, qu'on ne peut pas concevoir une renonciation au droit d'invoquer l'existence d'un acte juridique. Toute renonciation à une nullité implique forcément confirmation ou ratification de l'acte annulable ; or, une confirmation est impossible à l'égard d'un acte inexistant, et Justinien nous dit que l'engagement de la femme est comme n'existant pas : *Nulla tenûs hujus modi valere aut tenere... sed ita esse ac si neque scriptum esset.*

117. Mais la Novelle ne s'appliquera pas, d'après son texte même, lorsque l'affaire aura été conclue dans l'intérêt propre de la femme. Les commentateurs se demandent si cette intercession, pour être valable, devra être constatée par un acte public ; l'affirmative nous paraît certaine puisque nous avons déjà admis que, d'après la const. 23, § 2, le défaut d'ac-

complissement des formes prescrites rend nulle une *intercessio*, qui eût été valable par elle-même.

118. L'Authentique ne s'appliquera évidemment pas à l'intercession faite par une veuve pour les dettes de son mari prédécédé. Ni les motifs de l'innovation de Justinien, ni les expressions de la Novelle qui supposent un mariage existant au moment de l'intercession ne sont applicables à cette hypothèse.

119. Justinien avait déjà, dans la Novelle 61, refusé à la femme la faculté de donner au mari son consentement pour qu'il hypothéquât ou aliénât les biens immobiliers compris dans la donation anténuptiale, et, par suite, le droit de renoncer à son hypothèque légale sur ces mêmes biens. Il y avait vu une véritable intercession et, conformément à la c. 22, il permettait à la femme de renouveler son consentement au bout de deux ans par écrit, mais, si les autres biens du mari n'étaient pas suffisants pour satisfaire aux droits de la femme, le consentement même répété de cette dernière n'avait aucune valeur : *muliere quippe mariti seductionibus facilè decepta*. Nous pensons qu'après la promulgation de la Novelle 134, la renonciation de la femme sera toujours nulle, alors même que les autres biens du mari seront suffisants.

120. Ces deux Novelles ont eu une grande influence sur les décisions de nos anciens jurisconsultes, et l'on peut dire qu'elle ne l'ont pas complétement perdue, en présence de la jurisprudence qui admet que la femme dotale ne peut ni renoncer, ni subroger à son hypothèque légale.

ANCIEN DROIT FRANÇAIS

1. Le Droit français actuel s'étant formé par la fusion du Droit germanique, du Droit coutumier et du Droit romain, il nous paraît nécessaire d'indiquer rapidement comment la combinaison de ces trois législations a engendré la théorie admise par le Code civil à l'égard de la femme mariée.

2. Chez les Germains, l'incapacité de la femme est une suite nécessaire de son impuissance à porter les armes, et, comme sa cause, cette incapacité ne peut ni disparaître, ni s'amoindrir, la femme sera soumise à la tutelle perpétuelle, *mund*, de ses parents, qui feront valoir ses droits. La femme, fille, épouse ou veuve, ne reste jamais sans protecteur, et Tacite nous apprend que le frère de la mère représente dans la famille l'autorité maternelle que la mère, à raison de son sexe, ne peut exercer que par autrui [1].

La femme, en effet, peut faire par un autre, qui la représente et agit en son nom, les actes qu'elle est incapable d'ac-

[1] Tacite, Mœurs des Germains, n° 20.

complir elle-même. Bien plus, ce représentant nécessaire, la femme peut le choisir et le révoquer à son gré. L'incapacité légale de la femme chez les anciens Germains, bien que générale et perpétuelle, n'était pas cependant absolue.

3. Dans les anciennes coutumes germaniques le *mundium* de la femme n'était qu'un droit de famille; mais, lorsque le pouvoir royal vient à s'agrandir, la tutelle de la femme appartient à l'Etat. Le pouvoir public, sous Charlemagne, grandit et s'élève au-dessus des pouvoirs domestiques. La tutelle des incapables devient une charge publique exercée sous le contrôle de l'Etat. Mais cette transformation n'a lieu qu'à l'égard des femmes veuves ou filles, le roi doit, selon le langage des Ecritures, être le père des orphelins et le refuge des veuves, et Charlemagne recommande à ses *missi dominici* de s'enquérir de l'état des veuves et de remplacer les mauvais tuteurs (1); mais la femme mariée reste sous la puissance de son mari. A la mort de Charlemagne, le principe ne change pas, mais l'immense empire se fractionne en un nombre considérable de petites seigneuries indépendantes, et la tutelle de la femme non mariée va appartenir au seigneur féodal investi de tous les droits du suzerain. Cette tutelle confère au seigneur, non-seulement la jouissance du fief de la femme, mais encore celle de tous les autres biens. Le mari de la vassale, choisi par le seigneur, deviendra vassal lui-même; il recevra du seigneur l'investiture, sera son homme lige et portera le fief de son épouse. Aussi la veuve doit-elle se remarier au plus tôt pour donner au seigneur son homme d'armes, et, d'après les assises de Jérusalem, elle ne peut se dispenser de se remarier qu'en abandonnant son fief (2).

4. La tutelle féodale s'éteignit lentement au fur et à mesure que le pouvoir féodal lui-même fit place à la suprématie du pou-

(1) Capitulaire II, chap. xx à xxII.
(2) Assises, 212, 216.

voir royal. Les fiefs ne furent plus que de simples patrimoines, et la femme fut admise à en jouir par elle-même; la féodalité militaire fut remplacée par la féodalité civile. La fille et la veuve furent émancipées, mais la femme mariée resta en puissance de son mari qui demeura toujours son tuteur. Il en portait le nom; il en remplissait les charges; il représentait la femme dans les actes judiciaires; il recevait l'investiture du fief et le portait à sa place. L'incapacité féodale commençait avec le mariage et finissait avec lui.

5. Les mêmes événements se produisent à l'égard de la classe bourgeoise qui commence à apparaître; la femme est affranchie du *mundium* comme fille ou comme veuve, mais elle y reste soumise comme épouse; son incapacité ne commence plus qu'avec le mariage. Libre jusqu'à ce moment, elle tombe alors sous la *mainbournie* du mari établie, non pas dans l'intérêt de la femme, mais dans l'intérêt exclusif du mari. Si la femme a méconnu son autorité, le mari seul peut faire tomber cet acte; l'engagement est obligatoire pour la femme, car le vice de l'acte est tout entier dans l'atteinte qu'il porte à la puissance maritale.

La femme en se mariant conserve néanmoins sa personnalité, c'est elle qui agit autorisée par son mari. Elle peut même s'obliger seule et sans autorisation maritale dans tous les cas où il est impossible ou difficile d'obtenir cette autorisation; « si comme se ses barons est faus ou hors du sens, si que il est aperte coze qu'il ne se melle de riens..... ou se le feme est marqueande d'aucunne marqueandise dont ses barons ne se set meller, le quele ses barons li laisse demener par lor commun porfit, ou se li barons est en estranges teres fuitis, ou banis, ou emprisonés sans espérance de revenir (1). » Si le mari refuse son autorisation, la femme peut s'adresser au prince. Elle peut enfin traiter avec son mari et plaider contre lui.

6. L'incapacité de la femme, avons-nous dit, a sa base dans

(1) Beaumanoir, cout. de Beauvoisis, xliii, 28.

l'intérêt de la paix du ménage et dans la suprématie naturelle du mari, dès lors, si celui-ci est mineur, il n'en est pas moins investi de la puissance maritale, et à ce titre, bien qu'incapable d'agir pour lui-même, il peut, malgré sa minorité, valider par son autorisation les actes de sa femme majeure. Ce résultat est en apparence contradictoire ; mais cette autorisation du mineur, qui eût été dérisoire si elle avait eu pour but de suppléer à l'inexpérience et à la faiblesse de la femme, était au contraire très-rationnelle lorsqu'il s'agissait seulement de constater la puissance du mari.

7. Cette puissance n'atteint pas seulement la personne de la femme, elle s'étend aussi par voie de conséquence sur le patrimoine. Le mari administre la fortune de sa femme et en jouit, et ce droit résulte du fait seul du mariage. « Si tost comme mariage est fes, dit Beaumanoir, le bien de l'un et de l'autre sont communs par la vertu du mariage, et li hons en est mainburnissières (1). »

La femme conserve néanmoins la propriété de certains biens, et il faut distinguer entre les immeubles et les meubles ; quant aux immeubles, le mari n'en est saisi que comme usufruitier, il est soumis à l'obligation de les restituer lors de la dissolution du mariage ; il ne peut ni les aliéner, ni les engager sans le consentement de la femme (2). Quant aux meubles, le mari en est le maître ; ils sont confondus avec les siens, en une seule masse, et aliénables comme eux, mais, après la mort de l'un des époux, cette masse se divise entre le survivant et les héritiers ; il en est de même des conquêts.

8. Mais, dans nos anciens coutumiers, nous ne trouvons aucune trace ni du sénatus-consulte Velléien, ni de l'authentique *si qua mulier ;* l'édit *de postulando* n'existe pas, la femme peut comparaître en justice pour autrui, lorsqu'elle n'est pas en puissance de mari (3).

(1) Beaumanoir, l. c. xxi, 2.
(2) Beaumanoir, l. c. xxi, 2. — Livre de Justice et de plet.
(3) Livre de Justice, p. 273. — Beaumanoir, l. c. xliii, 14, 22.

9. Tel était le Droit de nos pays de coutumes, mais non celui qui régissait les pays du Midi. Là le Droit romain avait conservé son empire, bien que modifié peut-être dans la *lex romana Wisigothorum*.

Les traditions romaines ne s'étaient pas complétement effacées, et le régime dotal continuait d'exister dans les pays situés en deçà de la Loire ; comme en Italie, c'était le Droit romain qui faisait le fond de la législation civile, et, si les villes avaient des statuts particuliers, la loi fondamentale était toujours la loi romaine.

10. Puis, vers la fin du xiie siècle, le Droit romain des glossateurs franchit les Alpes et fait l'objet de l'enseignement des Universités de Montpellier, d'Orléans et de Paris ; le sénatus-consulte Velléien se répand, avec l'invasion des idées romaines, dans toute la France méridionale. Son application devient obligatoire à partir du xiiie siècle dans la Provence, l'Auvergne et le Languedoc. Mais les coutumes modifient sa règle en sens divers : ainsi, à Montpellier, la nullité de l'intercession est couverte par l'autorisation maritale, et la femme est libre de s'obliger envers les créanciers de son mari et de renoncer en leur faveur à son hypothèque (1). En Auvergne, la femme peut s'obliger envers un étranger et renoncer au bénéfice du Velléien, mais elle ne peut pas intercéder pour son mari. C'est ce que nous apprend Masuer dans sa *Practique*. Quelques auteurs adoptent un système intermédiaire et enveloppent dans la même prohibition l'intercession en faveur du mari et celle en faveur d'un étranger, mais permettent dans les deux cas à la femme de renoncer à son bénéfice (2). Malgré ces différences dans l'application du sénatus-consulte, les provinces du Midi sont unanimes pour en adopter le principe. Seul, l'ancien statut de Toulouse rejetait le sénatus-consulte Velléien, mais Catelan, dans ses *Arrêts remarquables*, nous apprend que cette coutume,

(1) Giraud, Essai sur l'hist. du Droit français, t. i, preuves p. 88.
(2) Jean Papon, Instrument des trois notaires, livre iv.

applicable autrefois seulement dans la ville de Toulouse, n'y
était plus observée au xviie siècle.

11. La femme, comme dans le Droit romain pur, conserve
la libre disposition de ses paraphernaux, et le mari ne peut les
administrer qu'avec son consentement. La dot est toujours protégée par le même système de garanties ; mais la femme n'a nul
besoin de l'autorisation maritale pour les actes qu'elle veut
accomplir. Ces règles ont force de loi dans presque tous les pays
de Droit écrit, c'est-à-dire dans le ressort des Parlements d'Aix,
de Bordeaux, de Grenoble, de Toulouse, et dans plusieurs
pays qui, comme le Lyonnais, le Maconnais, le Beaujolais,
l'Auvergne se trouvaient dans le ressort du Parlement de Paris.

12. Sous l'influence de la doctrine des glossateurs celle de nos
vieux coutumiers vint à se transformer, et, tout en admettant
la nécessité d'une autorisation maritale, lui donna une base
autre que celle que lui reconnaissait l'ancien Droit coutumier.
Cherchant dans les Pandectes de Justinien la raison d'être de l'incapacité de la femme mariée, plusieurs jurisconsultes la trouvaient dans l'imprudence et la fragilité du sexe; pour eux, la
puissance maritale était une espèce de tutelle destinée à protéger
la femme contre son inexpérience.

13. Les légistes essayèrent aussi d'appliquer le sénatus-consulte Velléien à une législation qui reconnaissait la communauté
des biens pour régime matrimonial. Ce ne fut pas sans difficulté,
car, comment interdire à une femme de s'obliger avec son mari
et de le cautionner, lorsque tous les intérêts sont communs. La
femme commune en biens, qui s'oblige pour le mari, ne s'oblige
pas pour autrui, au fond, c'est dans son propre intérêt, car l'intérêt du mari est celui de la communauté. L'argent emprunté
entre dans la caisse de cette communauté, et, si le mari peut
le dissiper ou l'employer à l'amélioration de ses propres, néanmoins, comme au regard des tiers il représente la communauté,
il est toujours censé agir dans l'intérêt commun.

14. En présence de ces difficultés les coutumiers et les juris-consultes adoptèrent des solutions diverses; tandis que le coutumier de Bretagne défendait à la femme d'intercéder pour un étranger et lui permettait de s'obliger pour son mari, le coutumier de Normandie lui interdisait cette dernière interces-sion. Parmi les juristes, les uns maintenaient l'obligation qu'elle avaient consentie au profit du mari, les autres exigeaient qu'elle renonçât à sa qualité de commune pour annuler son interces-sion (1). Voici la conciliation proposée par Dumoulin : la femme mariée en communauté ne devait jouir du bénéfice du sénatus-consulto que si les deniers empruntés n'avait enrichi ni la com-munauté, ni le patrimoine propre de la femme et si le créancier, au moment où il avait prêté les deniers, en avait connu la des-tination.

15. Mais si le sénatus-consulte Velléien se répandit ainsi dans presque toute la France et vint y modifier les règles primitives de la communauté, son empire ne resta pas longtemps incontesté. Les glossateurs avaient admis la validité de la renonciation au Velléien, et, dès le xiv° siècle, cet expédient parut si utile, si nécessaire que son usage se propagea rapidement. La renoncia-tion au sénatus-consulte et à l'authentique *si qua mulier* prit place dans le formulaire des notaires, il devint une clause de style et la règle du Velléien dégénéra en une vaine formalité, sa protection devint illusoire.

Pour conserver quelque efficacité à sa défense, la jurispru-dence exigea bien que les notaires indiquassent soigneusement aux femmes la nature et les effets du bénéfice auquel elle re-nonçaient : « Mais comment, dit Hévin, les notaires auraient-ils expliqué ce qu'ils ne comprenaient pas eux-mêmes. » La responsabilité des notaires devint une source fréquente de procès, et Louet rapporte plusieurs arrêts dans lesquels les notaires

(1) Charondas, *Réponses*, t. viii, 11.

sont condamnés à l'amende, faute d'avoir donné à une femme
« à entendre le bénéfice du Velléien » (1).

16. Les inconvénients de cette jurisprudence furent tels que
Henri IV, par un édit d'Août 1606, abrogea purement et simplement le sénatus-consulte Velléien, en défendant d'insérer
dans les contrats aucune renonciation, et en déclarant les femmes aussi efficacement obligées par leurs promesses que si la
renonciation eût été inscrite.

17. L'édit de 1606 fut vivement critiqué par plusieurs jurisconsultes; les parlements de Rennes, de Rouen, de Bordeaux,
de Toulouse et de Pau, refusèrent de l'enregistrer. Plus tard
deux ordonnances de Louis XIV, en 1683 et en 1704, vinrent
confirmer cet édit pour la Bretagne et pour le comté de Bourgogne. Louis XIV abrogea même par ses lettres patentes de
1664, en faveur du Lyonnais, la règle de la loi Julia.

Mais dans ses divers parlements l'application du sénatus-consulte était loin d'être uniforme; les uns admettaient la validité
des renonciations; les autres, comme ceux de Rouen et de
Toulouse, les déclaraient nulles de plein droit.

18. De ce rapide résumé il résulte que, lors de la rédaction
du Code civil, le sénatus-consulte Velléien, n'était plus qu'une
loi locale, tandis qu'au contraire le principe de l'autorisation
maritale était devenu une loi générale, quoique interprétée en
sens divers par les coutumes et les auteurs.

Les uns, indiqués par Merlin, voyaient dans la faiblesse du
sexe et l'inexpérience des femmes la cause de la nécessité de
cette autorisation (2).

Une seconde opinion professée par Pothier, Coquille, Ricard,
d'Aguesseau, etc.; faisait reposer le principe de l'autorisation
sur l'intérêt exclusif du mari et le respect de sa puissance maritale (3).

(1) Louet, *Arrêts*, t. II, p. 848.
(2) Merlin, répert. Autorisation maritale, section II.
(3) Pothier, puissance du mari, No 3 à 8. — Merlin l. c.

Lebrun, dans son traité de la communauté, s'appuyant sur les termes de l'article 223 de la coutume de Paris « tant pour » le regard d'elle que de son dit mari » fondait le principe de l'autorisation sur l'intérêt commun de la femme et du mari (1).

Le président Bouillé, reprenant l'antique principe du sénatus-consulte Velléien, expliquait la nécessité de l'autorisation maritale par un intérêt d'ordre public à défendre ; les femmes devaient rester enfermées dans leur intérieur et il fallait leur interdire « toute communication d'affaires avec autrui sans le » su et le congé de son mari pour éviter suspicion (2). » La raison donnée par le président peut seule fournir une explication satisfaisante de l'incapacité spéciale admise par certaines coutumes, comme celles de Bretagne, de Normandie, de Nivernais, de Bourgogne... en vertu de laquelle la femme ne pouvait tester qu'avec l'autorisation de son mari. La majorité des coutumes permettait au contraire à la femme de faire seule son testament.

La détermination des motifs sur lesquels reposait l'incapacité de la femme n'était donc pas une question purement théorique puisque les effets de l'autorisation et du défaut d'autorisation variaient ainsi suivant l'opinion adoptée.

10. La nécessité de l'autorisation ne commençait en général qu'avec le mariage, néanmoins quelques coutumes, dans des dispositions qualifiées d'impertinentes par Dumoulin, soumettaient la femme à cette obligation, aussitôt qu'elle était fiancée. D'ailleurs, comme cette puissance donnée au fiancé sur sa future épouse n'était qu'un effet anticipé du mariage, les actes faits sans autorisation par la femme devenaient valables si le mariage n'avait pas lieu.

20. Lorsque le mari refusait sans juste cause son autorisation ou se trouvait dans l'impossibilité de la donner, la femme de-

(1) Lebrun, de la communauté, livre ii.
(2) Bouillé, observat. sur la cout. de Bretagne, ch. 10.

vait recourir à l'autorisation de justice, le pouvoir d'autoriser la femme à défaut du mari appartenait exclusivement aux juges séculiers.

21. Au nombre des cas d'impossibilité d'autorisation maritale, on ne comptait pas l'état de minorité du mari, celui-ci, quoique mineur, était revêtu de la puissance maritale, et, suivant l'opinion généralement admise, c'était comme nous l'avons déjà dit, dans la jouissance de ce pouvoir que résidait le droit pour le mari d'autoriser sa femme. Toutefois, comme tout mineur, le mari étant restituable contre les actes par lui acco·mplis au préjudice de ses propres intérêts, il pouvait faire annuler l'autorisation et par suite l'acte autorisé s'il lui avait été préjudiciable.

22. Lorsque le mari a été condamné par contumace, la femme doit recourir à la justice pour se faire autoriser. Si cependant elle ne le fait pas, ses actes pourront être nuls ou valables suivant la distinction suivante : le mari est-il mort après les cinq années écoulées depuis l'exécution de la sentence sans s'être représenté, il est censé avoir perdu l'état civil du jour ou la sentence a été exécutée et les actes de la femme seront valables malgré le défaut d'autorisation. Au contraire, le mari est-il mort dans les cinq ans, s'est-il représenté ou a-t-il été arrêté, la contumace est mise à néant, la femme est considérée comme ayant toujours été sous la puissance maritale, tous les actes par elle accomplis sans autorisation sont nuls.

23. Le principe de la nécessité pour la femme mariée de se faire autoriser souffrait diverses exceptions. Relativement au droit de s'obliger ou d'aliéner, la femme séparée de biens jouissait d'une pleine capacité pour les actes concernant l'administration de ses biens; il en était de même de la femme commerçante à l'égard des opérations de son négoce. Au sujet de la femme séparée de biens, certaines coutumes avaient même adopté une règle toute particulière. D'après la coutume de Montargis, celle de Dunois, et même l'ancienne coutume d'Orléans,

la femme séparée de biens était complétement dispensée de la formalité de l'autorisation, même pour aliéner ses immeubles.

24. Le défaut d'autorisation n'était pas considéré comme une cause de nullité des actes de la femme, lorsqu'elle s'était obligée ou même, suivant la coutume de Normandie, lorsqu'elle avait vendu ses héritages dotaux pour retirer son mari de prison. Le motif allégué pour justifier cette règle était que, la nécessité de l'autorisation ayant été établie en faveur du mari, elle ne devait pas être retournée contre lui dans une occasion aussi importante. Lebrun faisait observer que cette règle ne pouvait être appliquée au cas où la femme était mineure, ni à celui où il s'agissait de prévenir l'emprisonnement du mari. Enfin il repoussait l'avis de ceux qui pensaient que la femme emprisonnée pour stellionat pourrait s'obliger sans autorisation, afin d'obtenir son élargissement, car, disait-il, en cette circonstance l'intérêt du mari n'est pas en jeu, et il ne tient qu'à la femme de recourir à l'autorisation de justice si le mari lui refuse la sienne.

25. Pothier cite certains arrêts dans lesquels les juges n'avaient pas tenu compte du défaut d'autorisation en des cas qui avaient paru favorables, par exemple lorsque la femme, sans être autorisée, avait constitué une dot à sa fille.

26. Il y avait controverse entre nos anciens auteurs, sur le point de savoir si les contrats intervenus entre époux devaient être dispensés de la formalité de l'autorisation.

27. Signalons maintenant quelques exceptions à la règle de l'incapacité d'ester en justice. La coutume de Paris dispensait de l'autorisation la femme séparée de biens, qui voulait agir en justice dans une affaire concernant l'administration de sa fortune.

28. Quelques coutumes permettaient aussi aux femmes marchandes publiques d'intenter, sans autorisation, des demandes relatives à leur commerce et s'y défendre. Enfin, la coutume d'Orléans autorisait les femmes à ester en jugement sans l'assen-

timent de leur mari, tant comme demanderesses que comme défenderesses , pour les actions qui naissent des délits.

20. L'acte accompli par la femme sans l'autorisation nécessaire du mari ou de justice , doit être considéré comme radicalement inexistant, et Pothier, tirant de ce principe ses conséquences naturelles , nous dit que cet acte absolument nul ne pourra être confirmé par l'autorisation postérieure survenue depuis, le néant ne pouvant être susceptible de confirmation. Aussi la ratification donnée par la femme depuis sa viduité ne pourra valoir que comme nouveau contrat (1).

30. Il est un point sur lequel nos anciens auteurs étaient fort divisés , c'est celui de savoir en quoi devait consister l'autorisation maritale. Suffisait-il d'un simple consentement, fallait-il au contraire une autorisation sacramentelle? L'autorisation devait-elle être expresse ou pouvait-elle être tacite. Sur ces diverses questions les coutumes étaient divergeantes , ainsi que cela ressort des explications de Ferrière, dans son *Dictionnaire de Droit et pratique*, et de celles de Pothier, dans son *Introduction à la coutume d'Orléans*.

Nous retrouverons plusieurs de ces controverses sous l'empire du Code civil, le législateur ayant omis de se prononcer sur le fondement même de l'incapacité de la femme mariée.

(1) V. Pothier , *Traité de la puissance du mari* , nos 8, 74, 77 et 78.

CODE CIVIL

De l'incapacité légale de la femme mariée.

1. Un des traits les plus caractéristiques de notre législation se trouve dans le contraste établi entre la situation de la femme mariée et la capacité de la femme libre. Si, à Rome, les lois frappant la femme d'incapacité atteignaient aussi bien la fille et la veuve que l'épouse, si, chez les Germains, le pouvoir marital n'était qu'une espèce de la tutelle qui pesait sur la femme depuis sa naissance jusqu'à sa mort, dans le Droit moderne, au contraire, l'incapacité féminine commence avec le mariage et finit avec lui. Fille ou veuve, la femme est presque semblable à l'homme quant aux actes de la vie civile (1). L'égalité des deux sexes est complète en dehors du mariage, mais l'épouse est placée par la loi dans un état d'incapacité spécial qui donne à sa situation une physionomie toute particulière. Cette incapacité est l'objet de notre étude actuelle.

Mais, avant d'en déterminer la portée et les conséquences, il

(1) Signalons dans l'art. 113 du Cod. de comm., une exception à ce principe.

est indispensable d'examiner quelle est la vraie nature de cette incapacité, et quelle fut la pensée des rédacteurs du Code civil. Ont-ils choisi entre les divers systèmes qui séparaient autrefois les coutumes et nos vieux auteurs? Ont-ils, au contraire, adopté un système éclectique dans lequel on peut retrouver la trace des diverses opinions autrefois émises? Ont-ils dans cette matière, comme dans bien d'autres, essayé une fusion et évité de prendre un parti?

2. La cause de l'incapacité de la femme mariée est encore aujourd'hui parmi les commentateurs, l'objet d'un vif débat. Pour les uns, le mariage n'altérant pas les facultés intellectuelles de la femme, ni son aptitude aux affaires de la vie civile, la légèreté et l'inexpérience de son sexe, dont le législateur ne tient aucun compte à l'égard de la fille majeure, ne peut être le motif de la nécessité de l'autorisation maritale. La puissance du mari, la subordination nécessaire de la femme, la nécessité d'un chef unique à la tête de l'association conjugale exigent que la personne de la femme soit dans la dépendance du mari, et qu'un droit de direction donne à celui-ci un moyen efficace de gouvernement domestique. La puissance maritale est donc la seule base de l'incapacité féminine, et, toutes les fois que cette puissance aura été respectée par la femme mariée, ses actes seront aussi valables que ceux qui sont accomplis par une fille majeure. Tel est le sentiment de Delvincourt, de Toullier, de Merlin, de Marcadé.....

Cette explication nous paraît insuffisante; si le respect de la puissance maritale est la seule cause de l'incapacité de la femme, comment expliquer que la ratification, le silence ou le décès du mari ne puissent couvrir la nullité de l'acte. Pourquoi le mari ne peut-il pas donner une autorisation générale? Pourquoi, quand il autorise la femme à aliéner, faut-il, d'après la jurisprudence, qu'il ait spécifié toutes les conditions du contrat, alors qu'il pourrait donner à la femme un mandat non spécifié de vendre les biens de la communauté? Pourquoi le mari ne peut-il recevoir de sa femme un mandat général d'aliénation ? Quand il a subi une condamnation infamante, quand il est absent ou incapable de manifester sa volonté, pourquoi la loi impose-t-elle à la femme la nécessité d'obtenir l'autorisation de la justice ? Pourquoi n'admet-on pas, avec notre ancienne jurisprudence, que la minorité du mari ne fera pas obstacle à la validité de l'autorisation, tandis que l'article 224 exige dans ce cas l'autorisation du juge ?

3. Le respect de la puissance maritale est donc par lui seul une raison insuffisante pour rendre compte du système adopté par le législateur. Aussi, dans une deuxième opinion, veut-on trouver la base de cette incapacité tout à la fois dans le respect de la puissance maritale et dans la faiblesse de la femme, dans son intérêt personnel. Assimilée à un mineur, la femme, lorsque le mari ne peut lui fournir qu'une protection insuffisante, ou est absent ou en démence, doit avoir recours à l'autorisation du magistrat. N'est-ce pas là la preuve évidente que la femme mariée est par elle-même incapable ? Comment comprendre qu'elle ne puisse faire, même avec l'assistance de son mari, certains actes qu'elle eût pu accomplir seule la veille de son mariage, de telle sorte que l'épouse même autorisée n'a pas la même aptitude que la veuve ou la fille majeures. Si le mari est tenu de connaître toutes les conditions de l'aliénation qu'il autorise sa femme à accomplir, n'est-ce pas que le bien de la femme est en quelque sorte en tutelle ? Quand la séparation de corps est prononcée, il semblerait logique de ne pas exiger que la femme s'adressât encore à l'homme qui a peut-être méconnu tous les devoirs conjugaux, et dont l'inconduite a été la cause de cette séparation ; et cependant la femme séparée doit toujours se munir de l'autorisation maritale. Ne faut-il pas conclure qu'elle est placée par la loi sous une espèce de tutelle, et que le respect de la puissance maritale est insuffisant à rendre compte des dispositions de la loi, si l'on n'admet pas que la femme est en outre en état de tutelle à cause de sa faiblesse.

6

Les objections se présentent nombreuses contre cette explication. Si la femme est en tutelle, si son incapacité repose sur
une certaine faiblesse propre aux seules femmes mariées, cette
faiblesse, que peut-elle être, si ce n'est une trop grande facilité à subir l'influence du mari ; or, comment comprendre que
le mari seul soit habile à autoriser sa femme, alors qu'il a un
intérêt personnel dans l'acte que la femme va souscrire. Il est
certain que, dans plus d'un article du Code, la crainte d'un
abus d'influence a guidé le législateur. La prescription ne court
pas contre la femme toutes les fois que son action pourrait ré-
fléchir contre le mari (art. 2256) ; la femme ne peut consentir
seule à la réduction de son hypothèque légale (art. 2144) ; elle
ne peut faire avec son mari que des libéralités révocables (1096)
et elle peut les révoquer sans son autorisation ; elle ne peut faire
avec lui aucun contrat de vente, car les cas prévus par l'article
1595 sont en réalité des cas de dation en paiement.

4. Oui, il est certain que le législateur a craint l'influence du
mari sur la femme, mais, si par suite de cette influence et de
la faiblesse qu'elle engendre, la femme mariée doit être en
tutelle, n'y a-t-il pas incohérence dans la loi ? L'autorisation
sera suffisante dans le cas où le mari a lui-même un intérêt
personnel à l'acte que sa femme va souscrire ; celle-ci à pleine
capacité pour cautionner son mari pourvu que ce dernier l'y
autorise ; sauf sous le régime dotal, elle peut avec la seule autorisation de son époux renoncer à son hypothèque légale ; elle
peut accepter le remploi que son mari lui offre, c'est-à-dire accomplir des actes dans lesquels le prétendu tuteur est intéressé,
le Code aurait rejeté la règle si sage du Droit romain : *nemo in
rem suam auctor esse potest.* Si la protection de la justice est
utile à la femme lorsque le mari incapable ou absent la laisse-
rait livrée à elle-même, cette protection paraît bien plus né-
nécessaire lorsque le pouvoir marital se retourne contre la
femme.

5. Nous ne pouvons donc accepter cette explication comme

fournissant une base suffisante et complète de l'incapacité de la femme mariée. MM. Aubry et Rau, partant de l'idée que la puissance maritale impose au mari l'obligation de veiller à la garde de tous les intérêts qui se rattachent à l'union conjugale, en concluent que l'autorisation n'est pas uniquement exigée en faveur du mari, mais encore et surtout pour la conservation des intérêts collectifs dont il est le représentant. Si la femme, disent-ils, est admise à faire valoir la nullité résultant du défaut d'autorisation, c'est moins en vertu d'un droit établi à son profit particulier qu'en vertu d'un droit qu'elle puise dans sa participation aux intérêts collectifs qui naissent du fait même du mariage (1). La conservation des biens de la femme importe à la famille, à la femme, au mari lui-même. Chef du ménage, il est constitué le représentant de cet intérêt collectif; — est-il incapable de protéger cet intérêt avec le discernement nécessaire, parce qu'il est mineur, la justice intervient et supplée à son incapacité personnelle.

Mais comment expliquer dans cette opinion que, lorsque le mari est absent ou bien frappé d'une condamnation infamante, la femme ait besoin de l'autorisation de la justice. Pourquoi ne lui laissera-t-on pas la disposition de ce patrimoine qu'elle est intéressée à conserver? Apte à remplacer le mari dans le gouvernement de la famille, apte à résoudre seule les graves questions que soulève l'éducation des enfants, comment la femme est-elle jugée incapable de remplacer le mari dans la gestion du patrimoine? L'affection maternelle ne sera-t-elle pas un guide aussi sûr que lorsqu'il s'agit des personnes? Si dans l'ordre des intérêts pécuniaires la femme mariée reste toujours incapable, n'est-on pas autorisé à dire que la loi se défie de son imprudence, de son ignorance des affaires, et ne faut-il pas ainsi revenir vers l'opinion de ceux qui considèrent la femme comme placée sous une espèce de tutelle?

6. Nous ne le croyons pas, et nous pensons que le législateur

(1) Aubry et Rau sur Zachariæ, t. iv, § 472, note 8.

n'a pas choisi entre les trois opinions que nous venons d'exposer. Suivant sa méthode habituelle, il a fondu ensemble leurs
divers motifs et il a basé la nécessité de l'autorisation tout à la
fois sur la puissance maritale, sur la faiblesse et l'inexpérience
de la femme et sur les intérêts collectifs de l'union conjugale.

Ce système éclectique est-il à l'abri de tout reproche, et ne
peut-on trouver dangereuse la faculté laissée à la femme de
traiter avec son mari, ou, dans l'intérêt de celui-ci, avec sa
seule autorisation. D'un autre côté, pourquoi refuser au mari
qui s'absente la faculté de laisser à la femme une autorisation
générale, et, enfin, pourquoi ne pas permettre à la femme
d'agir seule et sans contrôle, toutes les fois que le mari est lui-
même incapable ou indigne de l'autoriser? Nous croyons que
sur ces divers points le nouveau Code italien a heureusement
modifié les prescriptions de notre loi civile et les applications
qu'en a faites la jurisprudence.

7. Cette incapacité atteint toutes les femmes mariées, quel
que soit le régime nuptial adopté par les époux, et si l'acceptation du régime dotal vient accroître l'incapacité de la femme,
elle n'en laisse pas moins subsister les règles relatives à l'incapacité ordinaire : celles-ci ont un empire général. Mais, pour
n'être point exposé à les confondre avec d'autres principes résultant du régime matrimonial adopté, à l'exemple du savant
professeur de la Faculté de Paris, M. Oudot, nous étudierons
les conséquences de l'incapacité de la femme en la supposant
mariée sous le régime qui lui laisse la plus grande latitude, la
séparation de biens. La confusion ne sera plus possible et la
nullité des actes résultera exclusivement de l'état de femme
mariée. — Telle sera notre marche ordinaire ; disons cependant
qu'il nous arrivera de la modifier en quelques points ; en effet,
l'étude de certaines questions, pour être complète, nous forcera
à envisager parfois l'incapacité des femmes mariées sous des
régimes autres que celui de la séparation de biens.

8. Nous diviserons donc notre matière en quatre chapitres,

qui seront consacrés à déterminer : le premier, l'étendue de l'incapacité légale de la femme mariée; le second, par qui et sous quelle forme l'autorisation doit être donnée ; le troisième les effets de l'autorisation, et le quatrième, les conséquences du défaut d'autorisation.

CHAPITRE PREMIER.

ÉTENDUE DE L'INCAPACITÉ DE LA FEMME MARIÉE.

9. L'incapacité légale de la femme mariée est indépendante du régime sous lequel les époux se trouvent placés. La nécessité de l'autorisation pour la femme résulte essentiellement du mariage ; par conséquent, elle ne commence qu'à partir de la célébration du mariage, tandis que quelques coutumes l'exigeaient dès les fiançailles. Elle cesse lors de la dissolution du mariage, mais elle est indissoluble pendant toute sa durée. La séparation de corps n'y met pas fin car si elle engendre, au point de vue des patrimoines, la séparation de biens, elle laisse subsister le mariage, et la femme, même séparée contractuellement, a toujours besoin de l'autorisation maritale.

10. Les dispositions qui concernent cette autorisation constituent des règles de capacité ; en conséquence, par application de l'article 3 du Code civil, la femme française est incapable, lorsqu'elle se trouve en pays étranger, de passer sans autorisation les actes pour lesquels cette autorisation lui est nécessaire en France. A l'inverse, la femme étrangère, à laquelle sa loi personnelle n'impose pas la nécessité de l'autorisation, pourra, en France, accomplir, seule, tous les actes qui ne lui sont pas interdits par cette même loi.

11. L'incapacité dont la femme mariée est atteinte, n'est pas absolue, en ce sens qu'il est certains actes que la femme peut accomplir sans autorisation, quelque soit le régime sous lequel elle est mariée. Les actes d'une femme doivent donc être classés en deux grandes catégories : 1° Ceux pour lesquels l'autorisation est nécessaire ; 2° ceux pour lesquels elle n'est pas requise.

PREMIÈRE PARTIE.

Des actes que la femme ne peut faire sans autorisation.

12. L'étendue de l'incapacité de la femme mariée n'est pas la même à l'égard des actes extra-judiciaires et des actes judiciaires. Les règles applicables à ces divers actes ne sont pas identiques ; aussi, diviserons-nous cette première partie en deux sections.

SECTION PREMIÈRE.

Des actes judiciaires.

13. L'article 215 est ainsi conçu : « La femme ne peut ester en jugement sans l'autorisation de son mari, quand même elle serait marchande publique ou non commune, ou séparée de biens. » Ester en jugement est la traduction du *stare in judicio* des Latins. Le Code veut dire que la femme mariée ne peut être partie dans aucune instance judiciaire sans autorisation. Quiconque soutient un procès, se soumet aux conséquences de son opiniâtreté, et s'oblige à payer les frais et les dommages et intérêts résultant d'une contestation mal fondée. La loi veut que la femme soit autorisée pour courir cette chance; la persistance

qu'elle mettrait à s'y exposer par un procès inopportun contre
la volonté du mari, pourrait être une occasion de trouble dans
le ménage ; aussi le Code lui défend-il de se présenter devant
les tribunaux sans autorisation maritale ; en matière civile, cette
règle est absolue, il n'en est pas de même en matière criminelle.

§ Ier . — Matière civile.

14. En matière civile, l'incapacité de plaider est complète et
absolue, la nécessité de l'autorisation existe : 1° Pour quelque
procès que ce soit ; 2° quel que soit le rôle de la femme dans
l'instance ; 3° quel que soit le régime sous lequel elle est
mariée ; 4° quel que soit son adversaire ; 5° à quelque époque
que le procès ait été engagé.

15. 1° L'autorisation est nécessaire à la femme dans quelque
procès que ce soit et devant quelque tribunal que l'instance soit
engagée. Ainsi, la femme ne pourra former sans autorisation
une demande en séparation de corps ou en séparation de biens,
seulement, il est évident que ce n'est pas le mari qui autorisera, son refus ne saurait arrêter l'action. En pareil cas, il
suffit d'une autorisation donnée par le président du tribunal
du domicile de la femme (art. 865 et 875 Code de proc. civ.).
L'autorisation n'est alors que de pure forme, car le président du
tribunal ne peut la refuser, et nous remarquerons que la femme
n'a même pas besoin d'autorisation pour présenter à ce magistrat la requête préalable exigée par le Code de procédure.

16. La femme exerçât-elle une action que lui confère la loi,
elle doit toujours être autorisée : ainsi, veut-elle, en vertu des
articles 490 et 513, provoquer l'interdiction de son mari ou la
nomination d'un conseil judiciaire, elle a besoin d'être autorisée
par justice. La nécessité en est évidente, car il est utile de pré-

venir une poursuite téméraire de nature à porter le trouble dans la famille. Mais la femme sera suffisamment autorisée, lorsque le tribunal aura, sur sa demande, ordonné la convocation du conseil de famille (404 et 495).

Dans cette hypothèse, le mari ne pourrait-il pas autoriser lui-même sa femme? Il n'est pas impossible que, ayant dans un intervalle lucide conscience de son état, le mari ne veuille profiter de cet éclair de raison pour provoquer des garanties contre ses propres actes. Nous ne croyons pas qu'il puisse dans ce cas autoriser sa femme; en effet, l'article 6 du Code civil prohibe tout acte par lequel une personne consent directement ou indirectement à une modification de son état personnel, et comment celui qui ne pourrait acquiescer à un jugement rendu en matière d'interdiction pourrait-il autoriser une semblable demande (1)?

Dans l'hypothèse inverse, lorsque l'interdiction de la femme est provoquée, celle-ci a besoin d'autorisation. Il est bien évident que, si le mari provoque lui-même cette interdiction ou la nomination d'un conseil judiciaire, la femme sera par cela seul considérée comme autorisée à jouer le rôle de défenderesse. Mais l'autorisation du mari ou de justice serait indispensable, si l'interdiction de la femme était provoquée par ses propres parents.

17. L'autorisation sera-t-elle nécessaire lorsque la femme demande en justice la nullité de son mariage? Quelques auteurs ont répondu négativement; exiger l'autorisation, disent-ils, est commettre une pétition de principe, car, avant de contraindre une personne à procéder comme femme mariée, cette qualité doit lui être reconnue, or, c'est justement l'objet du litige. Il y a contradiction à imposer à la femme les conséquences d'un acte dont elle conteste la validité. Cependant l'opinion contraire a triomphé et avec raison, car la femme qui demande la nullité de son mariage en reconnaît l'existence de fait; or, le mariage subsiste avec toutes ces conséquences tant qu'il n'est pas annulé, et

(1) Demolombe, t. VIII, n° 474. — Aubry et Rau, t. I, p. 488.

au nombre de ces conséquences se trouve l'incapacité. Cette solution est consacrée par la jurisprudence constante de la cour de cassation (1).

18. L'autorisation est nécessaire devant la juridiction administrative, comme devant la juridiction civile, et la femme séparée de biens, qui intenterait une demande en décharge ou en réduction du montant de la contribution directe pour laquelle elle est inscrite au rôle, devrait être munie de l'autorisation, quoiqu'elle ait la faculté d'administrer ses biens.

La femme devra encore être autorisée même pour paraître en conciliation devant le Juge de paix, car ce préliminaire n'est que la condition et le début d'une instance judiciaire.

19. 2° La nécessité de l'autorisation existe avec la même force quelque soit le rôle de la femme dans le procès, dès qu'elle y figure comme partie. Mais, si le principe est invariable, il n'en est pas de même de son application, et nous verrons qu'il faudra distinguer suivant le rôle joué par la femme, en ce qui concerne la compétence du tribunal, le mode et les effets de l'autorisation.

20. 3° Sous quelque régime que la femme soit mariée, elle ne peut ester en justice sans autorisation, c'est ce qu'exprime l'article 215 quand il dit : « la femme non commune ou séparée de biens. » Les mots *non commune* sont presque superflus, le doute ne pouvait s'élever sur l'incapacité de la femme mariée sous le régime exclusif de communauté ; mais le législateur a dû s'expliquer nettement à l'égard de la femme séparée de biens, car d'après la coutume de Paris, Pothier nous l'enseigne, la femme séparée pouvait sans autorisation comparaître en justice, lorsqu'il s'agissait d'une affaire concernant l'administration de ses biens. Les rédacteurs du Code n'ont pas adopté cette règle; à la vérité un procès n'est jamais un acte d'administration, il présente toujours une gravité suffisante pour que le mari ait un

(1) Demolombe, t. iv, n° 127. — Cass., 19 mai 1858.

intérêt moral à ce que la femme ne s'y engage pas à son insu.

21. La femme même marchande publique ne peut ester en justice sans autorisation, car celle de faire le commerce ne pouvait impliquer l'autorisation de soutenir un procès.

La célérité exigée par les affaires commerciales se serait mal accordée avec la nécessité d'une autorisation spéciale renouvelée à chaque moment. Il n'est, au contraire, jamais désirable de se jeter trop brusquement dans un procès. Cependant quelques anciennes coutumes donnaient aux femmes marchandes publiques le pouvoir d'intenter sans a' 'orisation les demandes relatives à leur commerce. Pothier blâ ait ces coutumes, et, quoique par d'autres motifs, le législat' 'a adopté sa manière de voir. On retrouve dans ce cas les raisø' qui font refuser cette capacité à la femme séparée de biens.

22. 4° La femme doit être autorisée, quelque soit la qualité de son adversaire au procès. Cette proposition est exacte alors même que la femme a précisément pour adversaire son mari. Dans ce cas encore l'autorisation lui est nécessaire ; sans doute, lorsque le mari joue le rôle de demandeur, l'autorisation est implicite et virtuelle, la femme est par cela seul admise à se défendre, mais ce motif même démontre qu'elle ne peut pas agir de sa seule autorité ; l'autorisation est également requise lorsque la femme est défenderesse contre son mari. Ce point est universellement reconnu en doctrine et en jurisprudence

23. 5° A quelque époque que le procès ait été engagé, la femme ne peut y figurer sans autorisation. L'instance liée avec une fille ou une veuve qui se marie pendant le cours du procès ne peut plus être continuée valablement, jusqu'à ce que la femme ait obtenu l'autorisation du mari ou de la justice, sauf l'application des articles 342 et suivants du Code de procédure civile. Si l'affaire est en état, le jugement ne sera pas différé par le mariage de la fille ou de la veuve ; en effet, arrivés à cette phase des débats, les juges possèdent tous les documents

du procès ; les parties ont complétement achevé leur rôle ; par suite le changement d'état de l'une d'elles, ne peut avoir aucune importance.

Lors même que l'affaire n'est pas en état, les procédures peuvent être continuées avec la femme non autorisée, tant que son mariage n'est pas notifié à la partie adverse (345, Cod. de pr. civile).

24. Il faut soigneusement distinguer l'hypothèse où le mariage intervient, le procès étant pendant devant une juridiction quelconque, de l'hypothèse où il a lieu dans l'intervalle des diverses périodes du procès, c'est-à-dire après le jugement de première instance et avant l'appel, ou après l'appel mais avant le pourvoi en cassation. Dans ce dernier cas, l'adversaire de la femme ne peut, lors même que le mariage ne lui serait pas notifié, valablement procéder avec elle que si elle est régulièrement autorisée. Une nouvelle instance commence ; à lui de s'assurer de la capacité de la femme ; celle-ci, en effet, doit sans aucun doute être autorisée pour chacune des phases du procès et pour chaque degré de juridiction ; elle ne peut ni relever appel, ni se pourvoir en cassation relativement à un jugement ou à un arrêt sans être autorisée (1).

§ II. — *Matière criminelle.*

25. L'article 216 est ainsi conçu : « L'autorisation du mari n'est pas nécessaire lorsque la femme est poursuivie en matière criminelle ou de police. » D'après ce texte il faut distinguer selon que la femme est demanderesse ou défenderesse. Demanderesse, elle est incapable de plaider sans autorisation devant les tribunaux de justice répressive, comme devant les tribunaux civils. « Lorsqu'une femme est accusée, disait autrefois Vaslin,

(1) Cass. civ., 30 mars 1811. — Demol., t. iv, no 130.

qu'elle soit innocente ou coupable, il est naturel qu'elle ait le droit de se défendre. Au lieu que, lorsqu'elle se plaint, il n'est pas sûr qu'elle ait raison ; il convient donc que pour agir elle soit autorisée de son mari ou de la justice (1). » Les rédacteurs du Code ont adopté l'opinion de Vaslin et de Pothier ; quoique notre ancienne jurisprudence se fût fixée en sens contraire.

26. La femme mariée défenderesse en matière criminelle, correctionnelle ou de police n'a besoin d'aucune autorisation pour ester en justice. Le motif de cette exception est qu'un accusé ou un prévenu ne doit pas être condamné s'il n'a pu présenter sa défense. On a toujours intérêt à se défendre en matière criminelle ; au contraire, en matière civile, il peut être préférable de se laisser condamner par défaut. M. Mourlon fait remarquer qu'en matière civile, la femme ne se rend pas toujours un compte exact de l'étendue de ses droits ; en soutenant un procès ridicule, elle pourrait compromettre sa fortune et sa réputation ; le refus d'autorisation l'empêche de s'engager dans cette voie périlleuse. Sans doute, elle pourra résister encore, mais, n'étant pas autorisée, elle ne sera condamnée que par défaut et échappera aux frais plus lourds d'une condamnation contradictoire.

27. Mais l'exception de l'art. 216 est-elle toujours applicable quelle que soit la personne qui intente l'action ? Quatre hypothèses peuvent se présenter quand la femme a commis un crime, un délit ou une contravention. 1° La femme est poursuivie par le ministère public ; dans ce cas l'autorisation n'est pas requise.

28. 2° La partie civile poursuit la femme devant les mêmes juges et en même temps que le ministère public. L'autorisation n'est pas nécessaire ; comment comprendre que le juge valablement saisi de l'action publique ne le fût pas aussi de l'action civile qui n'en est que l'accessoire. L'article 359 du Code d'instr. crim., autorise la partie civile à former sa demande à l'audience même

(1) Vaslin, sur la cout. de la Rochelle, art. 22.

où est portée l'action publique et jusqu'au jugement : or , cette faculté suppose que l'autorisation n'est pas nécessaire ; on ne pourrait en effet jamais utiliser la règle de l'art. 359 , s'il était nécessaire d'assigner préalablement le mari.

29. 3° La femme est poursuivie par la partie civile seulement et à fin de dommages et intérêts devant le tribunal civil. L'article 216 est hors de cause et l'article 215 seul peut être appliqué ; l'action est purement civile ; on ne peut pas dire que la femme soit poursuivie au criminel. Le tribunal civil ne peut voir , dans la cause des dommages et intérêts réclamés, qu'un simple fait dommageable , et il n'a pas qualité pour l'apprécier sous le rapport de la criminalité.

30. 4° Les poursuites sont intentées par la partie civile seule à fin de dommages et intérêts , mais devant le tribunal correctionnel ou de police , par application des articles 145 et 82 du Code d'instr. crim. Le ministère public n'agit pas. Cette hypothèse à fait naître une assez vive controverse parmi les commentateurs du Code ; quelques auteurs exigent dans ce cas l'autorisation ; l'action, disent-ils, se réduit à un intérêt purement civil et pécunaire , la femme doit être traitée comme si l'action était intentée devant un tribunal civil (1). MM. Aubry et Rau ajoutent pour défendre cette opinion. « que le mari peut avoir le plus grand intérêt , pour éviter un scandale judiciaire , à prendre des arrangements avec la partie qui se prétend lésée par le délit imputé à la femme. » La majorité des commentateurs repousse cette solution ; par cela seul que la partie civile agit devant un tribunal de justice répressive elle éveille l'attention du ministère public, et celui-ci peut requérir contre la femme. Le tribunal correctionel saisi est compétent pour apprécier l'acte de la femme sous le rapport de la criminalité, et peut prononcer une condamnation pénale. Le danger pour la femme est donc le même que dans le cas où elle est directement

(1) Aubry et Rau, t. IV, § 472, note 14. — Marcadé sur l'art. 216.

poursuivie par le ministère public, la décision doit donc être semblable (1).

Des actes extra-judiciaires.

31. « La femme, même non commune ou séparée de biens ne peut donner, aliéner, hypothéquer, acquérir à titre gratuit ou onéreux, sans le concours du mari dans l'acte ou son consentement par écrit. » Telle est la règle de l'article 217. Ce texte ne mentionne pas l'incapacité de s'*obliger*, cependant il est certain que la femme ne peut pas contracter d'obligations sans autorisation, cette faculté lui est enlevée implicitement par la loi qui lui interdit l'aliénation; celui qui s'oblige donne en gage tous ses biens à ses créanciers et peut voir ces mêmes biens être l'objet de saisies et d'aliénations forcées; or, ne serait-ce pas permettre à la femme d'aliéner indirectement que de lui laisser capacité suffisante pour donner à certaines personnes, en s'engageant envers elles, le droit de prise sur ses biens. Cependant l'omission du mot s'*obliger* n'est pas le résultat d'un oubli; le Tribunat avait demandé que ce terme fut inséré dans l'article 217, mais sa proposition fut rejetée, parce qu'il était impossible de dire d'une façon absolue : la femme est incapable de s'obliger. Un tel principe aurait contredit la disposition de l'article 1124 disant : sont incapables de s'obliger les femmes mariées *dans les cas exprimés par la loi*. Il est donc des cas, et nous les retrouverons bientôt, dans lesquels la femme peut sans autorisation du mari se trouver engagée.

Examinons successivement les diverses prohibitions contenues dans l'article 217.

32. 1° Incapacité d'acquérir : la femme mariée est incapable

(1) Demol., t. IV, N° 143. — Valette, *explic. som.* p. 123,

d'acquérir à titre gratuit ou à titre onéreux. L'incapacité d'acquérir à titre gratuit est conçue à la fois dans un esprit de défiance et de protection ; la loi veut que le mari connaisse et approuve une libéralité, en outre l'acquisition à titre gratuit, sans perdre son caractère distinctif, peut entraîner des charges, car les donations entre-vifs sont quelquefois soumises à des conditions plus ou moins onéreuses.

De ce principe général résultent les conséquences suivantes : la femme ne peut accepter une succession mobilière ou immobilière, sans y être autorisée (art 776) ; la succession déférée peut être grevée de dettes, l'acceptation irréfléchie serait alors très-préjudiciable. L'article 934 exige aussi l'autorisation pour la validité de l'acceptation, faite par la femme, d'une donation qui lui est offerte. Nous appliquerons la même règle à l'acquisition d'un legs, quoique la loi ne contienne pas d'article spécial pour ce cas ; la généralité des expressions de l'article 217 suffit, et, comme ce texte ne contient aucune distinction semblable à celle qui se trouvait dans l'article 9 de l'ordonnance de 1731 *sur les donations*, on ne peut admettre aujourd'hui que la femme dotale soit capable d'accepter sans autorisation une donation d'immeubles qui lui serait faite, pour lui tenir lieu de bien paraphernal.

33. La femme mariée est incapable *d'acquérir à titre onéreux :* elle ne pourra donc ni acheter, ni échanger, ni recevoir un paiement. Acquérir à titre onéreux, c'est fournir un équivalent ; or, elle ne peut donner cet équivalent sans aliéner ou s'obliger, actes pour lesquels l'autorisation est indispensable. Nulle distinction ne doit être faite entre les meubles et les immeubles, la femme est aussi incapable à l'égard des premiers qu'à l'égard des seconds ; cependant l'on voit tous les jours des femmes mariées acheter des objets mobiliers ; ces achats sont-ils annulables ? Non, car la femme qui les fait n'agit pas en son nom ; elle agit ou est réputée agir comme un mandataire, au nom du mari, lui seul acquiert, lui seul devient obligé. Cette

incapacité d'acquérir à titre onéreux n'est pas aussi absolue que celle d'acquérir à titre gratuit ; en effet, nous verrons que, lorsque l'acquisition rentre dans les limites d'une libre administration, la femme séparée de biens peut l'accomplir sans autorisation.

34. 2° La femme mariée est incapable d'*aliéner* ou de *donner* sans autorisation. Pour saisir la portée de cette prohibition, il faut distinguer trois classes d'aliénations : les aliénations à titre gratuit par acte entre-vifs ou donations, les aliénations à titre onéreux d'immeubles, les aliénations à titre onéreux de meubles. Celles des deux premières classes ne peuvent jamais être faites, sans autorisation, par une femme mariée, quel que soit le régime matrimonial par elle adopté ; les aliénations à titre onéreux de meubles peuvent, au contraire, être faites par la femme séparée de biens, lorsqu'elles constituent un acte d'administration.

35. *Aliénations à titre gratuit.* — La femme mariée ne peut faire sans autorisation aucune donation entre-vifs ;· cette incapacité s'applique aux meubles comme aux immeubles ; nul n'a contesté ce principe quant aux donations d'immeubles, mais Delvincourt a prétendu que la femme séparée de biens pouvait faire sans autorisation une donation de meubles, l'article 1449 lui permettant de disposer de son mobilier et de l'aliéner. Cette opinion doit être évidemment rejetée, elle est formellement contraire au texte précis des articles 217 et 905, et si l'art. 1449 accorde à la femme le droit de disposer de son mobilier, c'est comme conséquence et comme moyen de la libre administration qu'il lui reconnaît ; or, une donation ne saurait être considérée comme un acte d'administration ; nous appliquerons donc par analogie l'article 852 et nous dirons que la femme peut faire sans autorisation de ces dons modiques qui sont plutôt des *cadeaux* ou des *présents* non soumis à l'obligation du rapport (1).

(1) Demol., t. iv, n. 150.

La femme étant incapable de faire des donations entre-vifs, il en résulte qu'elle ne peut sans autorisation faire une institution contractuelle ; aucune disposition de la loi ne le lui interdit formellement, mais l'auteur d'une institution contractuelle doit avoir la même capacité que celui d'une donation entre-vifs ; la capacité de tester est insuffisante.

36. *Aliénations à titre onéreux d'immeubles.* — La femme mariée est incapable de faire aucune aliénation d'immeubles, quel que soit le régime sous lequel elle est mariée. Certaines coutumes lui permettaient d'aliéner de sa seule autorité ses immeubles paraphernaux, et la coutume de Normandie l'autorisait à aliéner seule les immeubles acquis par elle depuis sa séparation. Les rédacteurs du Code ont formellement abrogé ces anciennes règles, et la disposition de l'article 217 se trouve nettement confirmée par l'article 1538, qui ne permet pas à la femme de se réserver la faculté d'aliéner ses immeubles sans autorisation. Elle ne peut donc ni les vendre, ni les échanger, ni établir sur eux aucun droit de servitude, d'antichrèse ou d'usufruit. Vainement dirait-on que la femme séparée de biens, qui a le droit de disposer de ses économies ou de ses bénéfices, doit avoir celui de disposer des biens qui en proviennent. M. Demolombe a répondu que défendre même dans ce cas à la femme d'aliéner ses immeubles, ce n'est pas encourager la prodigalité et la dissipation, c'est, au contraire, récompenser son esprit d'ordre, en assurant des garanties de conservation aux biens qui proviennent de ses économies. La position de la femme est, en ce point, semblable à celle du mineur émancipé, qui a bien qualité pour recevoir ses revenus sans l'assistance de son curateur, mais qui ne peut, sans assistance, aliéner les immeubles acquis à l'aide des économies par lui faites sur ses revenus (1).

37. *Aliénations mobilières à titre onéreux.* — Dans cette

(1) Demol., t. vi, n. 152.

7

hypothèse, l'incapacité de la femme n'est pas invariable, le droit d'administration maintenu à celle qui est séparée de biens, ou qui s'est réservée ce droit à l'égard de certains de ses biens par contrat de mariage (art. 1534, 1536 et 1576), entraîne comme conséquence le pouvoir d'aliéner le mobilier à titre onéreux. Le pourra-t-elle alors que l'acte d'aliénation sortira des limites d'une libre administration ? C'est une question que nous retrouverons bientôt, en traitant des actes que peut accomplir sans être autorisée la femme séparée, mais, hors les cas où la femme mariée a ainsi conservé le droit d'administrer, en tout ou en partie, sa fortune personnelle, elle ne peut aliéner valablement son mobilier à titre onéreux qu'avec l'autorisation du mari ou de la justice.

38. Avons-nous besoin de dire que l'incapacité d'aliéner entraînera celle de transiger ou de compromettre? le principe ne peut être douteux en présence des articles 2045 du Code civil et 1003 du Code de procédure.

39. 3° Puisque la femme est incapable d'aliéner, il s'ensuit naturellement qu'elle ne peut grever ses immeubles d'hypothèques sans autorisation (art. 2124). Le législateur l'a cependant déclaré en termes formels dans l'article 217, et néanmoins quelques auteurs ont prétendu que toute personne, capable de contracter un engagement, peut par cela même le garantir par la constitution d'une hypothèque conventionnelle qui n'en est que l'accessoire ; d'où il résulterait que la femme séparée de biens, qui peut contracter des obligations relatives à l'administration de son patrimoine, aurait aussi capacité suffisante pour consentir dans les mêmes limites une hypothèque. Cette solution doit être rejetée, la faculté de consentir valablement une hypothèque est tout à fait indépendante de celle de s'obliger, et le rapprochement des articles 217, 1449 et 2124 ne permet pas de la reconnaître à la femme séparée; et il ne devait pas en être autrement; l'hypothèque, en effet, est un acte d'une gravité exceptionnelle qui altère le crédit du débiteur, et amène très-

souvent la saisie des immeubles qui en sont grevés. Aussi, ne faut-il pas considérer les dispositions de l'article 7 du Code de commerce comme apportant une dérogation au principe de l'article 217, si la femme dont il est question à l'art. 7 peut hypothéquer, c'est à raison de l'autorisation générale de faire le commerce donnée par le mari (1).

40. 4° La femme est incapable de s'obliger par contrat ou par quasi-contrat. Nous avons déjà dit que la capacité d'aliéner entraînait nécessairement celle de s'obliger. La règle ne demande aucune explication à l'égard des obligations résultant *ex contractu*, et l'article 1990 en fait une application fort naturelle lorsqu'il nous dit que la femme mandataire pourra bien agir au nom du mandant, mais qu'elle ne sera tenu envers ce dernier que si elle a accepté avec l'autorisation du mari; si plus tard elle est recherchée pour inexécution de ses engagements ou en reddition de comptes, elle pourra opposer la nullité de sa promesse. Le mandant ne peut se plaindre, il doit s'imputer à lui-même d'avoir confié ses intérêts à une incapable. Cette faculté pour la femme de s'affranchir des obligations du mandataire, empêchera, suivant la remarque de M. Troplong, qu'on n'abuse de l'article 1990 pour troubler l'harmonie conjugale. Mais, si la femme s'est enrichie ou s'est rendue coupable de détournements, elle ne peut sous aucun régime échapper à l'action *de in rem verso* ou à celle résultant de son délit (2).

41. L'autorisation est nécessaire à la femme en matière de quasi-contrat lorsque celui-ci résulte d'un fait accompli par elle; ainsi elle ne pourra accepter ni une succession (776), ni la charge d'exécutrice testamentaire (1029), qu'après s'être fait autoriser. Pourra-t-elle s'obliger en gérant sans autorisation, soit l'affaire d'autrui, soit des affaires communes entre elle et

(1) Demol., t. iv, n° 162.
(2) Troplong, du mandat n° 338. — Proudhon et Valette, t. i, p. 462. — Aubry et Rau, t. iii, § 411. — Demol., t. iv, n° 166.

un tiers? La question est controversée ; MM. Valette et Mourlon tiennent pour l'affirmative. On a dit pour la défense de cette opinion que le maître, dont l'affaire a été gérée, n'est pas dans une position semblable à celle de la personne qui a donné un mandat dont la femme s'est mal acquittée; il n'a rien à se reprocher, c'est à son insu que l'affaire a été gérée. Ces motifs nous paraissent insuffisants; le but essentiel de l'autorisation est d'empêcher les femmes de s'obliger valablement par leur seule volonté, à moins qu'elles ne s'enrichissent ou ne commettent un délit. Tout acte volontaire et intentionnel de leur part ne peut engendrer une obligation efficace ; par suite une femme ne sera pas engagée à l'égard des tiers avec lesquels elle a contracté dans l'intérêt de la gestion par elle entreprise, mais elle ne sera même pas tenue envers celui dont elle a géré l'affaire. Vainement dit-on que le maître pourra se trouver lésé par cette solution , M. Demolombe a répondu avec raison qu'il n'y avait pas lieu de s'inquiéter si fort dans l'intérêt du maître, car il sera très-rare en fait que la femme non autorisée trouve des tiers qui veuillent contracter avec elle pour une gestion d'affaire. La femme ne pourra donc être poursuivie, à raison de la gestion qu'elle a entreprise, que dans la mesure de son enrichissement, ou dans le cas où les fautes de sa gestion constitueraient un quasi-délit (1).

42. Le quasi-contrat résultant du paiement de l'indû a donné lieu à une controverse semblable. Distinguons deux cas : la femme a fait un paiement; avait-elle ou non la capacité de le faire? rentre-t-il dans la catégorie des actes d'administration, ce sera à elle à prouver que le paiement a été sans cause; excède-t-il les bornes de la capacité de la femme séparée de biens, il lui suffira de prouver qu'elle était incapable ; le tiers devra prouver l'existence de la dette pour se mettre à l'abri sous la disposition de l'article 1338.

43. Si la femme a reçu un paiement qui ne lui était pas dû,

---

(1) V. Mourlon, rép. écr., t. i, p. 402 note (1). — Demol., t. iv, no 181. — Aubry et Rau, t. iii, § 441.

et que le tiers démontre que la dette n'existait pas, la femme
sera-t-elle tenue de restituer? la question ne peut s'élever si
l'on n'entend obliger la femme que jusqu'à concurrence de la
somme dont elle aura profité (1312 et 1241). Mais ne sera-t-elle
pas tenue en totalité? Si elle a été incapable de recevoir, parce
que le paiement ne rentrait pas dans la limite des actes d'administration, elle ne sera pas tenue de tout rembourser, puisque, la dette eût-elle existé, le paiement n'eut pas été valable et la femme pourrait en demander un nouveau, sous la
déduction de ce dont le premier paiement l'aurait enrichie.

Si la femme a eu la capacité de recevoir le paiement sans
autorisation la question paraît plus délicate; celle qui peut
accomplir un certain acte n'est-elle pas capable de consentir à
toutes les suites de cet acte? La femme qui a capacité suffisante pour recevoir une dette ne peut-elle s'obliger aux conséquences de ce paiement, c'est-à-dire, à rendre, si la dette
n'existait pas? On pourrait le soutenir; cependant nous croyons,
avec M. Demolombe, qu'il faut décider que la femme n'est
encore dans cette hypothèse tenue qu'à concurrence de son
enrichissement. On ne peut confondre, avec les conséquences
forcées et directes d'un acte juridique, ces suites accidentelles
et occasionnelles qui en réalité dénaturent l'acte lui-même et
qui le font ressembler à un prêt de consommation plutôt qu'à
un paiement (1).

DEUXIÈME PARTIE.

Des actes que la femme mariée peut faire sans autorisation.

44. Quoique le principe de l'incapacité de la femme mariée
ait une portée considérable, il faut néanmoins le combiner avec

(1) Demol., t. iv, no 182.

un autre plus général encore, à savoir que les incapacités sont de Droit étroit, *strictissimæ interpretationis*, et qu'on ne doit pas les étendre au-delà des limites tracées par la loi. Ce principe est reconnu à l'égard de la femme mariée elle-même par l'article 1124. Pour les femmes mariées, comme pour toute autre personne, la capacité est donc la règle ; l'incapacité, l'exception. Cette exception est sans doute fort étendue, mais, en dehors d'elle, la femme est complétement capable, aussi n'est-il point nécessaire qu'un acte lui soit permis, il suffit qu'il ne lui soit pas défendu pour qu'elle puisse l'accomplir valablement ; ajoutons qu'un acte, bien que compris par sa nature dans la catégorie des actes prohibés, peut cependant être valable, s'il est dispensé de la formalité de l'autorisation, soit par un texte exprès et formel, soit par une conséquence des dispositions de la loi.

Cette capacité générale est plus large pour la femme séparée de biens ; aussi, afin d'exposer plus clairement les principes relatifs à la question actuelle, nous diviserons cette partie en deux sections : nous déterminerons dans la première les actes que peut accomplir valablement la femme quel que soit le régime matrimonial par elle adopté ; dans la seconde, ceux qu'elle ne peut accomplir qu'en qualité de séparée de biens.

SECTION PREMIÈRE.

Actes permis d'une façon générale à la femme mariée.

45. *Première règle.* La femme mariée est capable, avons-nous dit, de faire sans autorisation tous les actes qui ne sont pas interdits par les articles 215 et suivants. Ainsi, elle peut :

46. 1° Exercer les droits de la puissance paternelle ; elle pourra donc, dans le cas prévu par l'article 935, accepter sans autorisation et même malgré son mari la donation entre-vifs

qui serait faite à ses enfants ou petits-enfants. La femme, dans cette hypothèse, ne contracte pas pour elle; elle ne s'oblige en aucune façon; elle accomplit un mandat conféré par la loi, en considération du lien du sang et de l'affection de la mère ou aïeule pour ses enfants ou petits-enfants.

En vertu du droit de puissance paternelle, elle sera encore capable de consentir seule au mariage des enfants issus d'un premier lit et à celui des enfants du mariage actuel, car le législateur suppose bien son consentement donné indépendamment de l'autorisation maritale (art. 73, 75, 76, 148, Code civ.).

47. 2° Faire tous les actes conservatoires, comme sommations, protêts, saisies-arrêts,...... prendre une inscription hypothécaire, soit sur un tiers, soit sur son mari (art 2139, 2194); requérir une transcription, soit d'une donation, soit d'un acte à titre onéreux entre-vifs, ou même la transcription sur les registres de l'état-civil de l'acte de mariage contracté en pays étranger (L. du 23 mars 1855, art. 171 et 940, Code civ.).

Par une juste réciprocité, les actes conservatoires faits par des tiers contre la femme non autorisée sont aussi valables.

48. Mais, si la femme ou les tiers veulent suivre en justice les effets d'un de ces actes conservatoires, comme assigner en validité de saisie-arrêt, la nécessité de l'autorisation reparaît aussitôt, ainsi que pour les actes d'exécution (art. 2208).

49. 3° Révoquer le mandat qu'elle a donné, fût-ce même à son mari.

50. *Deuxième règle.* L'acte est valable, bien qu'accompli par la femme seule, s'il est dispensé de la formalité de l'autorisation par une disposition expresse de la loi. Ainsi :

51. 1° Conformément à l'article 216, la femme non autorisée peut être défenderesse en matière criminelle, correctionnelle ou de police.

52. 2° La femme mariée n'a pas besoin de l'autorisation pour faire son testament (art. 226 et 905). Cet acte doit être l'œuvre

unique et libre du testateur. Acte toujours irrévocable, il n'engage à rien et ne doit avoir d'effet qu'après la mort de la femme, c'est-à-dire à une époque où il n'y aura plus ni mariage, ni puissance maritale. Le législateur s'est expliqué formellement sur ce point, parce que quelques anciennes coutumes, comme celles du Nivernais, de Normandie et de Bourgogne, exigeaient que la femme fut autorisée pour faire son testament. *Cela est bien rude*, disait Guy Coquille, c'était en effet une exagération outrée du principe.

53. 3° La femme peut révoquer la donation entre-vifs qu'elle aura faite à son mari pendant le mariage (art. 1096).

54. 4° Elle peut accepter et exécuter un mandat (art. 1990), mais, comme nous l'avons dit plus haut, elle ne sera pas obligée envers le mandant, tandis que celui-ci sera personnellement engagé envers les tiers avec lesquels la femme aura contracté comme mandataire.

55. *Troisième règle.* L'autorisation sera inutile toutes les fois que la dispense de cette formalité découlera *implicitement* d'un texte de loi. C'est ainsi que :

56. 1° La femme peut de sa seule autorité reconnaître l'enfant naturel qu'elle aurait eu avant son mariage, soit de son mari, soit d'un autre. L'article 337, en effet, suppose une reconnaissance survenue dans ces mêmes circonstances sans distinguer si elle émane du père ou de la mère.

57 2° La femme peut acquérir par accession et par prescription ; à l'inverse, elle peut être dépouillée de sa chose par les mêmes causes ; la prescription court contre la femme mariée, elle est seulement suspendue dans certains cas.

58. 3° Du droit de faire son testament sans autorisation, résulte évidemment celui de le révoquer.

59. 4° L'obligation de gérer une tutelle dérivant de la loi, la femme n'a besoin d'aucune autorisation pour accepter cette

charge dans le cas où elle lui est déférée (art. 390, 394, 396 et 442), et pour répondre des suites de son administration.

60. 5° Il est certain que le fait même personnel de la femme produit une obligation à sa charge, lorsque ce fait constitue un délit ou un quasi-délit ; la femme mariée est, comme toute personne, soumise au principe que chacun est responsable du dommage qu'il cause à autrui.

61. 6° La femme est obligée par les quasi-contrats résultant du fait personnel d'un tiers; ainsi, une personne a géré les affaires de la femme, dans des conditions telles qu'il aurait une action *negotiorum gestorum*, s'il se fut agi· des affaires de toute autre personne; son action sera entièrement efficace; il suffira que la gestion ait été utile dans le principe pour que l'obligation soit née ; la femme restera tenue, quand même la chose réparée par le gérant aurait péri par cas fortuit (1).

De même, dans tous les cas où la femme aura retiré un profit quelconque d'une opération, elle sera obligée jusqu'à concurrence de ce profit. Pas plus que tout autre, la femme mariée ne peut s'enrichir aux dépens d'autrui (art. 1241 et 1312).

SECTION II.

Actes permis d'une façon spéciale à la femme séparée de biens.

62. Les règles précédemment tracées s'appliquent à toute femme, quel que soit le régime matrimonial adopté. La capacité de la femme mariée est plus étendue lorsque ses conventions matrimoniales ne lui enlèvent ni l'administration, ni la jouissance de ses propres biens; ce qui a lieu dans les quatre circonstances suivantes : la femme est séparée de biens judiciaire-

(1) Demol., t, iv, n° 177.

ment ou contractuellement; mariée sous le régime dotal elle possède des biens paraphernaux; ou bien mariée sous le régime de communauté ou exclusif de communauté elle s'est réservée, par son contrat de mariage, l'administration de quelques-uns de ses biens. Il n'y a, croyons-nous, aucune distinction à faire entre ces situations sous le rapport de la capacité qui en résulte pour la femme. C'est là l'opinion généralement adoptée (1).

Pour déterminer l'étendue de la capacité de la femme séparée de biens, nous formulerons la proposition suivante :

63. La femme séparée a l'administration libre et entière de son patrimoine, mais elle n'a rien au delà ; par conséquent tout acte compris dans la sphère d'une large administration rentre par cela même dans les pouvoirs de la femme; au contraire, tout acte excède la capacité s'il dépasse les limites de cette administration.

64. C'est dans les articles 1449 et 1536 que le Code reconnaît à la femme séparée le droit plein et entier d'administrer librement ses biens, d'où découle celui : 1° de toucher ses revenus, de recevoir ses capitaux, d'en donner quittance et par suite de consentir la main-levée d'une inscription hypothécaire; 2° de payer ses dettes même simplement naturelles.

65. 3° De placer ses capitaux et ses revenus à condition que le placement ne dépassera pas les limites de l'administration. La femme pourra donc acquérir à titre de placement des meubles corporels ou incorporels, rentes sur l'Etat, actions de la Banque, obligations du Chemin de fer, etc... Quelques auteurs lui refusent la faculté d'acquérir, à titre de placement, des biens immeubles sans autorisation; ils invoquent l'article 217 qui consacre l'incapacité d'acquérir; mais pour être logiques, ils devraient interdire même l'acquisition des meubles qui n'est permise ni par l'article 217, ni par l'article 1449. Au reste, un tel

(1) Demol., t. iv, n° 148. — Valette sur Proudhon, t. i, p. 464. — Contrà, Rodière et Pont, Cont. de mar. n° 2188 et 2190.

système violerait le principe que la femme a la libre administration de ses biens, principe qui peut très-bien se combiner avec
la règle de l'article 217. En présence d'une acquisition faite par
la femme séparée sans autorisation, on doit rechercher le caractère prédominant de cette acquisition. Si la femme, sans
avoir de fonds disponibles, achète pour acquérir, l'article 217
reprend son empire et l'acte n'est point valable. Si au contraire
la femme emploie ses capitaux, ou sa créance actuellement dis-
ponible, ou les économies faites sur ses revenus à l'acquisition
d'un immeuble, l'opération aura le caractère principal d'un
placement, d'un *emploi de capitaux*, c'est-à-dire d'un acte d'administration. Le placement est l'opération principale, l'acquisition d'immeubles n'en est que l'accessoire et le moyen. En un
mot, l'article 217 défend à la femme séparée d'acquérir à crédit,
mais non pas d'acheter au comptant; ce qu'il veut interdire c'est
une acquisition d'où résulterait une obligation personnelle. Nous
ajouterons que la tendance des rédacteurs du Code a été de
montrer une prédilection marquée pour les immeubles, et qu'il
serait bien singulier que, permettant de placer les fonds en biens
mobiliers, ils eussent interdit le placement en acquisition d'immeubles, valeur moins sujette aux pertes et détériorations que
les biens mobiliers (1).

66. 4° Toujours comme conséquence du droit qu'a la femme
séparée d'administrer ses biens, elle a le pouvoir de transiger
sur les difficultés relatives à l'administration de ses biens, dans
la limite de son droit d'aliénation du mobilier.

67. 5° Elle peut acquiescer aux demandes relatives à ses
meubles et à celles relatives à l'administration de ses immeubles.

68. 6° Elle peut consentir des baux à loyer ou à ferme de ses
biens immeubles. M. Demolombe admet que le bail consenti
par la femme ne pourra, en règle générale, excéder la durée de

(1) Demol., t. IV, n° 187.

neuf années, sauf à maintenir le bail d'une durée plus longue, s'il a été fait de bonne foi. Le savant doyen de la faculté de Caen s'appuie sur les articles 595, 1429, 1718 (1). Ces textes ne nous paraissent pas concluants, il nous semble inexact de les interpréter en ce sens que le tuteur, le mari ou l'usufruitier ne peuvent faire que des baux de neuf ans; ces articles disent simplement que le mineur, la femme et le nu-propriétaire ne seront tenus de respecter le bail que pour une durée de neuf années commencées; mais le bail de longue durée lie entièrement l'usufruitier et le mari; nous croyons donc qu'il doit lier la femme séparée de biens.

69. 7° L'article 1449 autorise la femme séparée judiciairement à disposer de son mobilier et à l'aliéner. Ce texte n'est-il pas en contradiction avec l'article 217 qui prohibe tout acte d'aliénation? Il est peu de questions qui soient plus controversées que celle que fait naître le rapprochement de ces deux articles. La femme pourra-t-elle aliéner son mobilier alors même que l'aliénation dépasse les limites d'un acte d'administration? Peut-elle l'aliéner *indirectement* en contractant des emprunts pour autre cause que celle d'administration, et donner à ses créanciers la faculté de saisir ses biens meubles? Examinons séparément chaque question.

70. En dehors de l'administration, l'aliénation directe du mobilier est-elle permise à la femme? MM. Rodière et Pont ont proposé une distinction entre la femme jadis commune, séparée judiciairement, et celle qui est conventionnellement séparée ou qui a des paraphernaux sous le régime dotal; la première aurait la faculté d'aliéner son mobilier sans aucune restriction, les autres ne jouiraient de la même faculté que dans la mesure qu'emporte nécessairement leur droit d'administration et de jouissance (2). MM. Aubry et Rau pensent au contraire, et

---

(1) Demol. t. iv, n° 184.
(2) Rodière et Pont, *Cont. de mar.*, n°s 2190 et 2191.

nous croyons devoir adopter leur opinion, que la femme séparée judiciairement doit être exactement traitée comme la
femme conventionnellement séparée, et que la question se pose
avec la même énergie à l'égard de l'une et de l'autre; en effet,
nulle part la loi ne distingue entre ces deux situations.

71. De très-estimables auteurs (1) enseignent que la femme
séparée ou paraphernale peut aliéner son mobilier, et qu'elle
ne saurait être admise à demander la nullité des aliénations
mobilières par elles consenties, sous prétexte qu'elle aurait
excédé les limites d'une bonne administration. Nous croyons,
au contraire, avec la majorité des auteurs et avec la jurisprudence, que la femme séparée n'est capable d'aliéner son mobilier que dans la limite des actes d'administration. En effet,
l'art. 1449 doit être pris et examiné dans son ensemble et non
séparément, par parties, si l'on veut en bien comprendre la
portée. La femme séparée de biens jouit de la libre administration de sa fortune, voilà l'idée essentielle, fondamentale de
l'article. Or, une administration qualifiée libre doit nécessairement entraîner une certaine latitude d'aliéner, ne faut-il pas,
par exemple, se débarrasser d'un mobilier qui dépérit? Aussi,
les rédacteurs du Code, craignant qu'on n'exagérât la prohibition d'aliéner écrite dans l'art. 217, ont ajouté à l'art. 1449 un
deuxième alinéa, corollaire du premier, pour décider que
l'aliénation directe du mobilier peut rentrer dans la sphère
d'une administration largement entendue. Mais pour eux,
l'aliénation n'est qu'une suite, un moyen du droit d'administrer, et cela est si vrai que l'art. 1449 se termine par un aver-
tissement de ne pas étendre cette faculté à l'aliénation des
immeubles, aliénation qui ne peut jamais constituer qu'un
simple acte d'administration. Il est donc bien difficile d'admettre que les législateurs aient voulu conférer à la femme séparée
la faculté illimitée d'aliéner son mobilier, alors même qu'elle

(1) Duranton, t, iv, n° 426. — Aubry et Rau, § 816, n° 88.

pourrait ainsi consommer sa ruine ; accorder une portée aussi
étendue au deuxième alinéa de notre texte, c'est ne tenir aucun
compte de l'alinéa qui le précède, ni de celui qui le suit. L'article 1449 contient une dérogation au principe général de l'article 217, or, toute exception doit s'entendre restrictivement, et
on ne peut attribuer à la permission donnée par l'art. 1449 une
autre portée que celle que réclament les circonstances en vue
desquelles elle est accordée, c'est-à-dire les besoins de l'administration (1).

72. Les auteurs, qui admettent que la femme séparée judiciairement peut aliéner à titre onéreux son mobilier, lui refusent, tous, la faculté de l'aliéner sous forme de donation entre-
vifs. Le mot *aliéner*, disent-ils, et nous partageons leur opinion,
n'est généralement pris par le législateur que comme indiquant
des aliénations à titre onéreux, et l'art. 217 fait lui-même la
distinction entre les termes *donner* et *aliéner*.

73. Nous nous sommes posé une deuxième question : La
femme séparée peut-elle, en s'obligeant pour toute autre cause
que celle d'administration, donner à ses créanciers un droit de
gage sur son mobilier ? Quelques anciens arrêts ont admis
qu'elle pouvait contracter, pour quelque cause que ce fût, des
obligations exécutoires sur son mobilier. Mais cette interprétation a été depuis longtemps abandonnée, en effet, comme le
fait remarquer M. Valette, on ne peut s'obliger que de deux
manières, c'est-à-dire gratuitement ou à titre onéreux, or, la
femme mariée est incapable de s'obliger gratuitement, l'art. 217
lui défend de donner ; elle ne peut non plus s'obliger moyennant
un équivalent, car le même texte lui interdit d'acquérir à titre
onéreux (2).

La grande majorité des auteurs et la dernière jurisprudence
de la Cour suprême admettent que la femme séparée ne peut

(1) Demol., t. IV, nos 188 et suiv. — Marcadé, sur l'art. 1449.
(2) Val. s. Proud., t. I, p. 461.

obliger d'une manière indirecte et générale son mobilier présent
et à venir, en contractant des obligations pour autre cause que
pour l'administration de ses biens et les besoins du ménage.
Nous ne pouvons qu'adopter cette opinion, puisque nous ne
reconnaissons pas à la femme séparée la faculté d'aliéner même
directement son mobilier. Les auteurs qui sont d'un avis contraire sur ce dernier point font remarquer, pour justifier leur
doctrine, que l'aliénation proprement dite entraîne un dépouillement immédiat et que la femme en ressent, sur l'heure même,
les effets dévestitifs. Une obligation, infiniment plus dangereuse,
est favorable aux illusions; elle ne laisse apparaître le dépouillement que d'une manière vague et incertaine dans l'avenir, et
expose la femme à engager, sans faire aucun sacrifice actuel,
tout son mobilier présent et à venir. Celle-ci, dans l'espérance
qu'elle a de s'acquitter, ne voit pas la perspective de la saisie à
laquelle un jour son mobilier pourra être exposé. On fait remarquer que de pareilles considérations ne sont pas étrangères à la
science du Droit et on rappelle les souvenirs de la loi *Julia* et du
sénatus-consulte Velléien (1).

En résumé nous croyons donc que la femme séparée ne peut,
ni directement, ni indirectement aliéner son mobilier en dehors
des limites d'un acte d'administration. Ainsi elle ne pourra pas
placer sans autorisation ses capitaux en rentes viagères; un semblable placement n'est pas un acte d'administration.

74. — C'est encore une question controversée que celle de
savoir si l'exécution de l'obligation valablement contractée par
la femme et se rattachant à l'administration de ses biens peut
être poursuivie, non-seulement sur ses meubles et sur les revenus de ses immeubles, mais encore sur la propriété de ces
derniers. La question est très-délicate, car, de part et d'autre

(1) Rodière et Pont, l. c, n° 2193. — Oudot, du droit de famille, p. 80 et
suiv. — Demol. t. iv, n° 163. — Massol. *de la séparation de corps*, chap. iv.
— Aubry et Rau, § 516, note 75. — Poitiers, 3 fév. 1858. Paris, 12 mai 1859.
— Cass. 30 décembre 1862.

on invoque de puissantes raisons. Pour permettre l'exécution
sur les immeubles on a dit : l'obligation consentie valablement
par la femme non autorisée doit avoir autant d'efficacité que si
elle avait été contractée avec l'assentiment du mari. Or, quiconque s'oblige personnellement est tenu de remplir son engagement sur tous ses biens présents et à venir, mobiliers et immobiliers (art. 2092). L'obligation doit donc pouvoir être exécutée
sur les immeubles; on ne saurait rendre impossible en fait le
droit d'administration de la femme séparée, il en serait ainsi
cependant si cette dernière ne pouvait contracter seule, dans
cette limite, des obligations personnelles aussi efficaces et aussi
énergiques que les autres obligations (1).

75. — Dans l'opinion contraire on répond que l'article 1449,
qui donne à la femme la faculté d'administrer librement sa
fortune, lui interdit formellement d'aliéner ses biens immobiliers sans autorisation ; or, contracter une obligation exécutoire
sur ses immeubles, c'est les aliéner indirectement. Une personne incapable d'aliéner certains biens est par cela même,
disent MM. Aubry et Rau, dans l'impossibilité de les engager ;
il n'est pas permis de faire indirectement ce qu'il est défendu
de faire directement. On ne peut pas admettre que la femme
donne à ses créanciers un droit qu'elle n'a pas elle-même, et,
comme le fait remarquer M. Oudot, les articles 1449, 1535,
1538 et 1576 sont trop nettement pohibitifs pour qu'on puisse
admettre la possibilité d'une aliénation indirecte.

Quant à l'argument tiré de l'article 2092 il ne constitue,
suivant MM. Aubry et Rau, qu'une pétition de principe ; cet
article étranger à toute question de capacité, n'a d'autre objet
que de régler l'effet ordinaire des engagements personnels sur
les biens du débiteur, et suppose évidemment une obligation
contractée par une personne capable d'engager son patrimoine
tout entier. Or, la question est précisément de savoir si la

(1) Rodière et Pont., l. c. n° 2194. — Demol. iv, n° 161.

femme séparée de biens est capable d'engager ses immeubles sans autorisation.

Nous ajouterons que l'article 2092 n'énonce pas un principe absolu et que, notamment, les créanciers de la femme dotale ne peuvent pas saisir les biens jadis dotaux après la dissolution du mariage même à titre de biens à venir. De même que les biens dotaux, les immeubles de la femme séparée non autorisée sont véritablement inaliénables.

Au surplus, les inconvénients de cette opinion sont minimes; il est rare que les besoins de l'administration soient si considérables qu'il faille nécessairement, pour y faire face, engager la propriété des immeubles; et est-il extraordinaire que la loi exige l'autorisation du mari ou de justice lorsqu'un cas aussi grave se présentera? C'est cette dernière opinion que nous croyons devoir adopter; elle nous paraît en effet tenir plus de compte que la précédente de l'incapacité dont est frappée la femme mariée eu égard à l'aliénation de ses immeubles (1.)

CHAPIRTE II.

DE L'AUTORISATION DU MARI OU DE JUSTICE.

76. L'incapacité de la femme mariée consiste uniquement dans la nécessité d'obtenir une autorisation pour accomplir valablement les actes indiqués dans la Section Ire du chapitre précédent; en principe, l'autorisation doit être donnée par le mari; à son défaut elle peut l'être par la justice, sauf dans certains cas exceptionnels.

(1) Aubry et Rau, § 516, note 76. — Massol, *de la séparat.* de corps. ch. IV, No 21. — Oudot, l. c., p. 80.

8

SECTION I.

De l'autorisation maritale.

77. L'autorisation du mari est soumise à quelques principes fondamentaux, toujours applicables, quelle que soit la forme de cette autorisation. Nous distinguerons deux espèces de règles : les règles de fond et les règles de forme.

§ I. — *Des règles de fond.*

78. L'autorisation maritale est régie par les principes suivants : elle doit être *spéciale* ; — elle doit être *antérieure* ou *concomittante* à l'acte de la femme ; — elle est *suffisante* même à l'égard du mari ; — elle peut être *révoquée*.

79. I. L'autorisation de la femme mariée n'atteindrait pas le but auquel elle est destinée, si elle n'était donnée en vue d'un acte déterminé et circonscrit. Elle doit offrir les garanties d'une protection éclairée ; elle est l'assentiment réfléchi du mari à l'acte que la femme veut accomplir et que celui-ci juge opportun. Il est donc indispensable que l'autorisation soit spéciale. C'est en examinant tous les détails de l'affaire que le mari peut remplir en connaissance de cause son rôle de protecteur, une autorisation générale donnée par lui à sa femme serait une véritable abdication. Cette abdication serait une imprudence, la généralité de l'autorisation compromettrait la paix du ménage, car elle conduirait à des applications que le mari n'aurait peut-être pas prévues. Aussi les articles 223 et 1538 déclarent-ils nulle toute autorisation générale. Le législateur, s'est nettement exprimé pour mettre fin aux anciennes controverses élevées autrefois, sur les distinctions que quelques anciens auteurs voulaient faire entre les autorisations accordées par contrat de mariage et celles accordées depuis le mariage.

80. L'article 223 offre une rédaction vicieuse, sur laquelle il faut d'abord s'expliquer. Il dit : L'autorisation générale n'est valable, même par contrat de mariage, que quant à l'administration des biens de la femme. Quand, par contrat de mariage, l'administration des biens de la femme lui est réservée, c'est-à-dire lorsqu'elle est mariée sous le régime de séparation de biens, ce n'est pas en vertu d'une prétendue autorisation générale qu'elle administre, c'est en raison d'une réserve expresse et volontaire de sa part qu'elle a le droit d'administrer, ce n'est nullement par la volonté d'un homme qui n'est pas encore son mari. Elle ne reçoit pas du mari, elle garde l'administration. Entre la conservation de ce pouvoir et l'abandon qu'elle en pouvait faire au mari en acceptant tout autre régime, elle a choisi le premier parti.

81. Nos articles sont évidemment inapplicables à l'hypothèse où la femme aurait reçu du mari, relativement aux biens personnels de ce dernier ou à ceux de la communauté, le pouvoir le plus vaste et le plus général d'aliéner, d'emprunter, d'hypothéquer. Il n'y a pas alors autorisation dans le vrai sens du mot, mais un simple mandat que le mari peut donner à sa femme comme à toute autre personne. Ce serait donc une erreur profonde que d'appliquer ici le principe de la spécialité ; l'autorisation maritale ne joue aucun rôle, et il ne peut être question d'elle que lorsque la femme traite en son propre nom sur ses biens personnels et fait des actes qu'elle aurait le droit de faire si elle n'était pas mariée. En vertu de ce mandat général, la femme obligera le mari et la communauté, mais elle ne s'engagera pas elle-même (art. 1420).

82. Le principe de la spécialité est incontestable, mais la question de savoir si une autorisation est spéciale ou générale présente quelques difficultés. L'autorisation sera spéciale lors-

que le mari aura autorisé en connaissance de cause, lorsqu'il aura connu l'affaire avec ses principales circonstances. Au contraire, n'a-t-il pas pu se rendre un compte suffisamment exact de la portée et des conditions de l'acte qu'accomplira la femme, l'autorisation ne sera pas spéciale. Appliquons ces principes : le mari autorise sa femme à aliéner un immeuble, le principe de la spécialité ne sera satisfait que si l'acte d'autorisation contient l'indication du prix, des conditions et de l'époque de l'aliénation. Ce n'est pas au nombre ni à l'importance des immeubles qu'il faut s'attacher pour savoir si l'autorisation est spéciale ou ne l'est pas ; elle serait valablement donnée dans le cas où le mari permettrait, par un seul acte, à sa femme d'aliéner tous les immeubles qu'elle possède actuellement, en indiquant soigneusement l'époque, le prix, et les conditions de l'aliénation. Au contraire, on devrait, sans hésitation, déclarer nulle, comme trop générale, l'autorisation d'aliéner les immeubles situés dans tel département ou dans les colonies.

83. Le caractère de la spécialité se traduit très-nettement dans l'hypothèse suivante proposée par M. Demolombe : La femme a donné à son mari un mandat illimité d'aliéner ou d'hypothéquer tous ses immeubles ou de contracter des emprunts en son nom ; on n'a déterminé ni les biens à vendre, ni le montant des emprunts, ni le délai dans lequel le mandat doit être exécuté. Les tiers qui auront traité avec le mari seront-ils en sécurité? La négative est seule admissible. Il semble cependant, à première vue, que le mari qui accepte un mandat de sa femme l'autorise par la même et l'habilite. Mais cette autorisation doit être spéciale tout comme une autre ; or, il ne peut en être ainsi de celle qui résulte d'un mandat général ; la nullité de l'autorisation entraînera forcément celle du mandat qui aura été l'œuvre d'une femme non autorisée. Mais si le mandat est nul, le mari n'est pas mandataire ; il n'a pas représenté la femme ; celle-ci n'est pas engagée, et les tiers ne peuvent être assurés de la validité de leur contrat. En effet, le

mandat général donné par la femme à un tiers ne serait point valable, car le mari n'aurait pas autorisé en connaissance de cause ; or, la circonstance que le mari est mandataire ne peut transformer de générale en spéciale son autorisation.

On a objecté que l'autorisation du mari sera suffisamment spéciale lorsqu'il passera lui-même l'acte de vente ou qu'il consentira l'hypothèque, car, dit-on, il figurera dans ces actes à une double qualité, comme mandataire de la femme et comme mari à l'effet d'autoriser. Cette objection n'est qu'une pétition de principe ; elle suppose le mari valablement mandataire, et c'est justement ce qui est en question. L'autorisation présuppose la volonté de la femme, et, dans l'espèce, cette volonté n'a pas été exprimée, le consentement de la femme fait défaut ; par conséquent, l'autorisation postérieure du mari ne peut s'y appliquer, et l'opération tout entière est frappée de nullité. C'était là l'opinion de Pothier et de Lebrun. Ajoutons, avec M. Demolombe, que ces procurations illimitées seraient funestes pour la femme et pour la famille ; le mari deviendrait ainsi maître absolu de toute la fortune de sa femme et pour toujours, car la faculté de révocation serait souvent illusoire (1).

84. — Le principe de la spécialité souffre une exception dans le cas où la femme est marchande publique ; en effet, en permettant à sa femme de faire le commerce, le mari l'autorise implicitement et généralement à faire tous les actes relatifs à ce commerce. L'article 220 nous dit que la femme peut alors sans autorisation s'obliger pour tout ce qui concerne son négoce, et l'article 7 du Code de commerce ajoute qu'elle peut aliéner et hypothéquer ses immeubles. Il était impossible en effet d'exiger du mari une autorisation spéciale, il n'aurait pu se conformer à une telle règle, autant aurait valu qu'il fît le commerce lui-même.

85. — La femme ne doit être réputée marchande publique

(1) Demol., IV, n° 210. — C. de cass., mai 1853.

que lorsqu'elle fait un commerce séparé de celui de son mari. Il arrive souvent que les femmes des commerçants prennent une part très-active aux opérations commerciales; elles tiennent les livres, la caisse, la correspondance; elles signent les factures, les lettres de change, les billets à ordre, mais elles n'agissent alors que comme auxiliaires du mari; elles ne peuvent être réputées marchandes publiques que si elles font un commerce distinct de celui du mari.

86. — II. L'autorisation du mari doit-être *antérieure* ou *concomittante* à l'acte de la femme; cela résulte évidemment de l'article 217; puisque aux termes de ce texte le consentement par écrit suffit, la présence du mari n'est pas indispensable et l'autorisation peut précéder l'acte de la femme, et, comme le même article déclare que l'autorisation résultera du concours du mari dans l'acte, il s'ensuit que le mari peut la donner au moment même où l'affaire se conclut.

87. — Mais peut-il donner cette autorisation après coup? Les auteurs et la jurisprudence sont partagés sur cette question. Pour la résoudre déterminons exactement son étendue et sa portée. Que le mari ne puisse pas, après que la femme a rétracté son consentement, la forcer en donnant son autorisation à subir les conséquences de l'acte qu'elle désavoue, nul ne le conteste. Comme le dit Proudhon, il n'y a plus d'acte susceptible de ratification de la part du mari. De l'aveu de tous les auteurs, il est encore certain qu'après la mort de la femme la ratification du mari ne peut avoir pour effet d'enlever aux héritiers de la défunte l'action en nullité qui leur appartient aux termes de l'article 225. Il est encore évident que le mari a le droit de renoncer à l'action en nullité qui lui est propre, en ratifiant l'acte accompli par sa femme. Enfin, on ne saurait contester que le vice, résultant du défaut d'autorisation, disparaîtra entièrement par l'effet d'une ratification émanant des deux époux ou de la femme autorisée par son mari.

88. — La question en litige est celle de savoir si le mari peut,

par une autorisation postérieure à l'acte de sa femme, rendre
cet acte inattaquable d'une manière absolue, c'est-à-dire enlever à la femme l'action en nullité qui lui appartient. Avec la
Cour de cassation nous adoptons la négative, bien que l'opinion
contraire soit soutenue par d'imposantes autorités. Nous pensons que le mari est incapable de ratifier l'acte passé par sa
femme de manière à le valider à l'encontre même de cette dernière.

89. — Nous ne recourrons pas aux travaux préparatoires du
Code; Merlin les a invoqués en faveur de notre opinion, Marcadé pour l'opinion contraire, et M. Demolombe remarque avec
raison que les arguments puisés dans ces documents ne sont pas
décisifs lorsqu'ils ne s'accordent ni avec les textes définitivement votés, ni avec les principes généraux du Droit. L'art. 217
s'occupe de l'autorisation maritale et non pas d'une question de
ratification; or, le consentement postérieur du mari ne peut-
être autre chose qu'une ratification; en effet, quand un acte
est accompli, on ne saurait l'autoriser, il ne peut être que ratifié. Si, au moment où elle agissait, la femme n'était point autorisée, elle a violé l'article 217 ; de cette violation découle une
double action en nullité, l'une pour le mari, l'autre pour la
femme; une telle action appartient à cette dernière en vertu
d'un droit qui lui est désormais acquis, elle est distincte et indépendante de celle du mari, et, comme il est de principe évident
que la personne à laquelle la loi accorde un droit ou une action
quelconque ne peut en être privée sans son aveu et par le fait
d'autrui, tout acte du mari est impuissant à empêcher la femme
de se prévaloir de cette nullité.

90. Le principe que nul ne peut être dépouillé de son droit
sans son consentement souffre exception, par exemple, dans
l'article 183 invoqué par les partisans de l'opinion contraire,
mais ces exceptions doivent être formellement inscrites dans la
loi ; l'action en nullité de la femme forme un bien dans son patrimoine et nulle part il n'est dit que le mari puisse disposer des

biens propres de sa femme. Au contraire, l'article 1428 déclare qu'il ne peut aliéner les immeubles de celle-ci sans son consentement. Donc, tout au moins dans les cas où l'action en nullité sera relative à l'aliénation d'un immeuble, le mari ne pourra pas aliéner cette action immobilière, véritable immeuble, sans le consentement de la femme. L'article 1428 fournit donc une preuve en notre faveur.

91. On objecte encore que la femme persévère dans son consentement tant qu'elle n'attaque pas l'acte qu'elle a accompli, que dès lors le consentement du mari survenant pendant le mariage et avant toute action de la femme, les deux volontés concourent et le vice est couvert. Mourlon a parfaitement repoussé cette objection en faisant remarquer que la femme peut très-bien ne pas attaquer l'acte entaché de nullité, sans qu'il y ait à induire de là qu'elle persévère dans son consentement. Son silence a une autre explication bien plus naturelle : elle ne peut ester en justice sans l'autorisation de son mari, mais pour l'obtenir elle serait obligée de révéler à celui-ci la faute commise à son insu, et elle ne saurait s'y résoudre.

Remarquons que la faculté pour le mari d'enlever à la femme son action en nullité ne présente que des inconvénients et des dangers. N'y a-t-il pas à craindre que le tiers qui a traité avec la femme et qui a fait une bonne opération ne cherche, par des moyens frauduleux, à obtenir le consentement du mari au préjudice des intérêts de la femme ? aussi la jurisprudence nouvelle paraît-elle plus sage et plus éclairée sur ce point que notre ancien Droit (1).

92. Si le mari autorise sa femme à ester en justice, le principe est le même, le consentement ne peut être donné après coup. Mais une procédure se compose d'une série d'actes successifs ;

(1) Cass., 26, 1839. — Paris, 12 mai 1859. — Merlin, *Répert. Aut. marit.*, sect. vi. — Mourlon, t. i, n° 792. — Val. sur Pr., t. i, p. 467. — Demol., t. iv, n° 212. — Contra, Aubry et Rau, § 472, n° 103.

auxquels de ces actes l'autorisation doit-elle être antérieure ou concomittante? On admet généralement qu'elle peut intervenir jusqu'au jugement de l'instance. Les assignations, actes d'appel et autres ne seraient pas nécessairement nuls par cela seul que la femme les aurait donnés ou reçus sans être autorisée. En effet, rien n'est complet, rien n'est achevé tant que le jugement n'est pas rendu.

93. III. L'autorisation du mari est *suffisante* alors même que la femme s'oblige envers un tiers dans l'intérêt du mari lui-même. On avait soutenu le contraire dans les premiers temps de la promulgation du Code, mais cette doctrine n'a pas prévalu et elle ne le pouvait pas en présence de la généralité des termes des articles 217, 218 et 219, surtout en présence des articles 1419 et 1431 qui déclarent d'une manière formelle la femme valablement obligée avec le consentement de son mari. Notre législation actuelle diffère donc profondément sous ce rapport du Droit romain, dans lequel le sénatus-consulte Velléien et la Novelle 134 rendaient inefficace l'obligation de la femme pour son mari? En conséquence, la femme peut, avec la seule autorisation maritale, consentir, au profit d'un tiers, la cession de son hypothèque légale ou la subrogation à cette même hypothèque. L'art. 2144 est entièrement inapplicable sans qu'il y ait à distinguer si la femme a ou n'a pas un intérêt personnel à l'accomplissement de ces actes.

94. La femme autorisée par son mari peut aussi contracter directement avec ce dernier dans une affaire où les deux époux figurent seuls comme parties. Cette solution repose sur les trois propositions suivantes : L'incapacité de la femme mariée consiste uniquement dans la nécessité d'obtenir une autorisation ; la loi confère en première ligne au mari le droit de donner cette autorisation ; ce n'est que sur le refus ou l'impossibilité de l'autorisation maritale que la justice est appelée à intervenir. Cependant, suivant quelques auteurs, l'autorisation du mari ne suffirait pas pour rendre la femme capable de contracter directement avec

lui. Cette question, croyons-nous, ne doit pas être mêlée avec celle de savoir quels sont les contrats permis entre époux ; il faut se placer dans l'hypothèse d'un contrat permis, et décider qu'en pareil cas l'autorisation du mari est suffisante. Vainement contre cette opinion, invoquera-t-on la maxime : *Nemo potest esse auctor in rem suam* ; il s'agit justement de savoir si cette maxime doit être ici appliquée. Il n'y a pas analogie entre la situation du mari et celle de tuteur, et le Code civil nous offre de nombreux exemples dans lesquels il suppose un contrat intervenu entre la femme et le mari, sans faire jamais mention de l'autorisation de justice. Nous citerons notamment les articles 1096 et 1097 pour les donations entre-vifs ; l'article 1435 relatif à l'acceptation du remploi offert par le mari à sa femme. L'article 1451 est plus probant encore, car il parle de la communauté rétablie *du consentement des deux époux.* L'article 1577 suppose que la femme paraphernale a donné un mandat à son mari ; et, enfin, l'article 1595, en permettant la dation en paiement entre époux, ne fait aucune allusion à la nécessité d'une autorisation de la justice. En vain a-t-on voulu invoquer l'article 1558, ce texte était nécessaire, non à cause de l'incapacité du mari pour autoriser sa femme, mais par suite du caractère inaliénable des immeubles dotaux. Quant à l'article 2144, il est une exception qui prouve l'existence de la règle, exception justifiée par le caractère dangereux de l'abandon que la femme ferait à son mari (1).

Parmi les contrats qui peuvent intervenir entre le mari et la femme, il en est un qui a spécialement attiré l'attention des commentateurs par sa ressemblance apparente avec l'autorisation proprement dite ; c'est le mandat. Par l'autorisation, le mari habilite sa femme à faire un acte relatif à la fortune personnelle de celle-ci. Par le mandat, au contraire, l'époux confie à sa femme le soin de faire un acte intéressant sa propre fortune. Nulle raison ne s'oppose à ce que la femme puisse rendre service

(1) Aubry et Rau, § 472. — Demol., t. IV, nos 231 et suiv. — Contra, Duranton, t. II, 473. — Vazeille, t. II, no 354.

à son mari ; ce dernier est libre de confier le maniement de sa fortune à toute personne, et le principe de l'article 1990 est parfaitement applicable ici. Mais quels seront les effets de ce mandat ?

Envers les tiers, les effets seront entiers et complets. Le mandat peut être spécial ou général, comprendre le pouvoir d'aliéner les immeubles ou les meubles, tous les actes accomplis en vertu de ce mandat obligeront réciproquement le mari et les tiers.

Dans les rapports du mari et de sa femme le mandat présente un double aspect. S'il est un acte concernant la fortune personnelle du mari, il touche aussi celle de la femme, obligée par ce contrat envers le mari à exécuter et à lui rendre compte. Ce mandat contient implicitement l'autorisation de s'engager envers le mari lui-même ; il peut être spécial et l'autoraisation qui en résulte et l'accompagne, est spéciale comme lui. Devons-nous dire de même que, si le mandat est général, l'autorisation est générale, ce qui aux termes de l'article 223, entraînerait la nullité du mandat lui-même ? Il faut admettre la validité du mandat général dans deux hypothèses : 1° celle où la femme passe, avec les fournisseurs du ménage, tous les marchés concernant les dépenses de nourriture, d'habillement, etc... Ce mandat tacite n'est pourtant pas illimité ; les tribunaux ont souvent réduit les créances exagérées des fournisseurs imprudents. 2° L'article 5 du Code de commerce et l'article 220 du Code civil prévoient une autre hypothèse de mandat général tacite : la femme est préposée par son mari à la vente au détail des marchandises du commerce de celui-ci.

En dehors de ces deux cas, faudra-t-il considérer le mandat illimité donné par le mari d'aliéner ses meubles et ses immeubles comme impliquant une autorisation vague et générale donnée à la femme de s'obliger envers lui ? Nous ne le pensons pas ; en acceptant ce mandat général pour les affaires du mari, la femme, comme le dit M. Oudot, ne fait qu'une affaire spéciale, relativement à sa propre fortune, et, par suite, le contrat inter-

venu entre la femme et le mari ne viole pas la règle qui veut
que l'autorisation soit spéciale (1).

95. Il n'y a qu'un cas où le mari ne pourra pas autoriser sa
femme à contracter avec lui, et où l'on appliquera la maxime :
nemo potest... C'est celui dans lequel le mari traiterait avec sa
femme mineure une affaire pour laquelle celle-ci aurait besoin
de l'assistance de son curateur. Le mari curateur de sa femme
ne peut l'autoriser, mais ce n'est pas alors l'époux qui est incapable, c'est le curateur qui ne peut pas prêter son assistance à
la mineure émancipée.

96. IV. Le mari, qui peut refuser son autorisation, peut
révoquer celle qu'il a déjà donnée. Il pourra même révoquer
l'autorisation accordée par la justice à raison de son absence ou
de son état d'incapacité, car alors la justice n'a fait que le suppléer et, dans cette circonstance, la révocation pourrait avoir
lieu par un simple acte extra-judiciaire. Mais, si l'autorisation
a été donnée par la justice sur le refus du mari, celui-ci ne
pourra plus révoquer de sa propre autorité ; dans ce cas il devra
se pourvoir par voie d'appel contre le jugement qui a autorisé
sa femme. Toutefois, nous ne pensons pas qu'il doive suivre les
formalités organisées par les articles 861 et suivants du Code
de procédure pour le cas où la femme veut obtenir l'autorisation de justice.

97. Nous ne nous demanderons pas si le mari peut révoquer
l'autorisation qu'il aurait donnée dans le contrat de mariage
lui-même. En effet, nous avons déjà remarqué que la femme,
qui se réserve l'administration de tout ou partie de ses biens,
ne tient pas ce droit de celui qui n'est pas encore son mari,
mais bien de sa propre volonté. C'est une convention matrimo-
niale qui doit rester immuable pendant toute la durée du
mariage (art. 1395). Quant à l'autorisation que le mari aurait

(1) Oudot, du dr. de fam., p. 120 et suiv.

donnée à sa femme, d'administrer ses biens à lui, cette clause serait sans valeur comme contraire à l'article 1388.

98. La révocation ne doit pas être intempestive, c'est-à-dire, se produire à une époque où elle pourrait causer à la femme un préjudice plus ou moins considérable. Ainsi, dans le cas où le mari révoquerait brusquement l'autorisation de faire le commerce, le tribunal pourrait autoriser la femme à mener à bon port les opérations commerciales en cours d'exécution.

99. La révocation de l'autorisation ne peut avoir d'effets que pour l'avenir; elle ne saurait rétroagir dans le passé et porter atteinte aux droits acquis à des tiers; si la femme n'a pas encore usé de l'autorisation, la révocation produira un effet complet; si elle en a fait usage, tous les actes déjà accomplis devront être maintenus. Nous croyons même qu'il faudrait admettre que les actes passés depuis le retrait de l'autorisation demeureront inattaquables, si les tiers ont ignoré la révocation. Le mari doit aviser à les avertir de la manière la plus directe et la plus sûre.

§ 2. — Des règles de forme.

100. L'autorisation maritale peut être expresse ou tacite, elle est expresse lorsque le mari l'accorde directement et formellement à sa femme, elle est tacite lorsqu'elle résulte de sa conduite personnelle. L'article 217 s'explique sur l'un et sur l'autre cas; l'autorisation expresse, c'est le consentement par écrit, l'autorisation tacite, c'est le concours du mari dans l'acte.

I. — De l'autorisation expresse.

101. Le consentement par écrit peut être donné dans tout acte quelconque, authentique, sous seing privé, ou même dans

une simple lettre missive, sans distinguer si l'acte que la femme doit accomplir exige ou n'exige pas l'emploi de formes authentiques. Il est vrai que dans certains cas, le législateur veut que la procuration soit donnée par acte notarié; mais autre chose est un mandat, autre chose l'autorisation maritale, pure condition de capacité personnelle tout à fait étrangère à la forme des actes pour lesquels elle est accordée. Ajoutons que l'autorisation pourait être simplement tacite ce qui exclue toute forme extérieure (1).

Il n'est pas nécessaire que le consentement du mari se trouve énoncé dans l'acte passé par la femme; mais alors le tiers devra prouver que l'autorisation a été effectivement donnée. Dès que l'existence de celle-ci sera établie, peu importe que l'acte passé par la femme ne la mentionne pas. Du reste, on peut considérer comme valablement donnée l'autorisation qui ne serait placée qu'à la suite de la signature de la femme, pourvu que cette autorisation soit concomittante et non interposée après coup. En pratique, il sera d'ailleurs toujours prudent d'énoncer dans l'acte le fait du consentement du mari.

102. Ce consentement doit-il être donné par écrit ou bien peut-il n'être que *verbal?* A la lecture de l'art. 217, il semble que l'autorisation ne peut être verbale. Cependant, plusieurs auteurs pensent qu'elle peut être exprimée de toute manière, suivant le droit commun; selon eux, l'art. 217 n'a pas pour but d'exiger l'écriture *ad solemnitatem*, comme pour la donation entre-vifs, le contrat de mariage ou le contrat d'hypothèque; l'autorisation maritale n'est pas une forme du contrat; elle peut être non-seulement verbale mais même tacite, et alors même que le consentement du mari pourra simplement s'induire de certaines circonstances, il aura le même effet que s'il eût été exprimé par écrit, la forme de l'art. 217 en est une preuve certaine. Qu'a donc voulu exprimer le législateur en

(1) Aubry et Rau, § 472, n° 57. — Demol., t. IV, n° 101.

parlant dans ce même article de consentement par écrit ? Il a voulu uniquement exclure en cette matière la preuve testimoniale alors même qu'il s'agirait d'une valeur inférieure à 150 fr.

Cette interprétation nous paraît conforme à la nature même de l'autorisation maritale, aux principes généraux du Droit sur la preuve des manifestations de volonté, et enfin à l'interprétation qu'ont reçue les articles 2044 et 2085 qui s'expriment comme l'art. 217. Si donc il est légalement démontré, par d'autres moyens que la preuve testimoniale, que le mari a réellement donné une autorisation verbale, celle-ci sera aussi efficace que si elle avait été constatée par écrit (1).

103. Mais la preuve testimoniale est elle elle-même proscrite d'une manière absolue, ou sera-t-elle recevable dans certains cas ? Avec MM. Aubry et Rau, nous pensons qu'elle n'est pas admissible alors même qu'il s'agirait d'une valeur moindre que 150 fr. Si le législateur n'a pas eu pour but d'exiger l'écriture comme une condition de forme, il paraît du moins avoir voulu proscrire, quelle que fût l'importance de l'acte juridique passé par la femme, la preuve testimoniale d'une autorisation qu'on prétendrait avoir été donnée verbalement. Nous n'admettrons pas davantage la preuve testimoniale alors même qu'il existerait un commencement de preuve par écrit. Mais, si l'acte d'abord rédigé pour constater l'autorisation était venu à se perdre par suite d'un cas fortuit ou de force majeure, il nous semble inique que le tiers, qui avait d'abord employé tous les moyens mis à sa disposition pous assurer sa sécurité, demeurât victime d'un accident imprévu. Il n'a commis aucune imprudence, tandis que celui qui a un commencement de preuve par écrit aurait bien pu se procurer une preuve écrite complète; on pourrait donc admettre la preuve testimoniale en faveur de celui qui par cas fortuit ou force majeure a perdu la preuve écrite de l'autorisation.

(1) Demol., IV, n° 193. — Aubry et Rau, § 472,

104. Hors ce cas exceptionnel et en l'absence d'un acte écrit, l'autorisation du mari pourra être prouvée soit par l'aveu judiciaire, soit par le serment litis-décisoire. Si le mari et la femme ont avoué judiciairement que l'autorisation avait été donnée ou s'ils ont refusé de jurer que le mari n'avait pas accordé son consentement, l'existence de ce consentement sera démontrée d'une manière absolue. Dans l'hypothèse où c'est la femme seule qui avoue, prête serment ou refuse de jurer, de deux choses l'une : si la femme n'a pas été autorisée à ester en justice, l'aveu, le serment ou le refus de serment ne peuvent produire aucun effet. Incapable d'accomplir ces faits elle ne sera point liée par eux. Si, étant autorisée, elle avait la capacité suffisante pour ester en justice, son aveu ou le refus de serment démontreront légalement l'existence de l'autorisation. — Si le mari seul avoue ou refuse de jurer, il lui est désormais impossible d'attaquer l'acte de sa femme (art. 1356 et 1361); mais cette dernière ou ses héritiers conservent dans ce cas leur action en nullité; en effet, suivant l'opinion de M. Demolombe, il faut croire que la ratification postérieure du mari ne peut pas faire perdre à la femme l'action en nullité qui déjà lui appartient (1).

105. Le mari peut donner l'autorisation expresse, par lui-même ou par mandataire. Dans ce dernier cas il devra déterminer lui-même les principales conditions auxquelles le mandataire autorisera la femme. On ne saurait lui reconnaître le droit de déléguer à un tiers la puissance maritale, et par conséquent de donner un mandat vague et général d'autoriser sa femme à aliéner ou à emprunter.

II. — De l'autorisation tacite.

106. L'article 217 dit que l'autorisation *tacite* résulte du concours du mari dans l'acte, et en effet comment dire que le mari

(1) Demol., t. iv, n° 193,

n'a pas consenti alors qu'il a figuré dans la même convention ou dans le même procès? Savoir quand il a concouru de manière à autoriser c'est là une question de fait que les magistrats apprécieront d'après les circonstances. Il est cependant un certain nombre de cas dans lesquels il est certain que le mari a autorisé, et d'autres dans lesquels il est impossible d'attribuer à son concours une véritable intention de consentement.

107. Incontestablement le mari concourt de manière à autoriser sa femme lorsqu'il lui fait une donation ; il lui permet par là même de l'accepter. Celui qui à l'inverse accepte une donation offerte par sa femme, consent également à l'acte de celle-ci. Le mari qui tire une lettre de change sur sa femme l'autorise à l'accepter. Il y a encore autorisation tacite lorsqu'il fait une déclaration de remploi au profit de sa femme, ou lorsqu'il s'engage à faire ratifier par elle un contrat qu'il passe lui-même.

En matière judiciaire, le mari qui exerce une action contre sa femme, qu'il procède comme demandeur ou comme défendeur, lui permet par cela même d'ester en justice.

108. Au contraire il n'y aura pas autorisation tacite dans les cas suivants : le mari souscrit un billet et la femme s'engage par écrit à la suite. Rien ne prouve qu'elle ait été autorisée et que le créancier n'ait pas obtenu cet engagement à l'insu du mari. On s'est demandé si l'apposition d'une croix par le mari, qui ne sait pas signer, sur un billet souscrit par sa femme serait une preuve suffisante de son consentement? La négative est certaine, la croix n'est pas une signature et son apposition ne peut valoir comme autorisation tacite, car ce qui est justement en litige est le point de savoir si c'est le mari qui a apposé la croix, or il faudrait prouver le fait de l'apposition par témoins, mode de preuve que nous savons n'être pas admis en matière d'autorisation maritale.

109. C'est une question controversée que celle de savoir si l'autorisation tacite ne peut pas résulter d'autres circonstances

9

que du concours du mari dans le contrat ou dans l'instance. La jurisprudence admet que l'article 217 ne doit, en ce qui concerne l'autorisation tacite, pas plus que relativement à l'autorisation expresse, être interprété d'une manière restrictive. Si le concours du mari habilite nécessairement la femme, il ne s'ensuit pas que l'autorisation ne puisse résulter d'autres faits également concluants, dont l'appréciation sera abandonnée au pouvoir discrétionnaire des tribunaux. Les rédacteurs de la loi n'ont parlé du concours du mari dans l'acte que parce que c'était l'exemple le plus frappant de consentement tacite; ils ont voulu montrer qu'il n'aurait pas moins de valeur que celui donné par écrit, lequel, de son côté, est l'exemple le plus manifeste de l'autorisation expresse. De même que nous avons reconnu la validité de l'autorisation verbale, malgré le texte de l'article 217, de même nous devons admettre l'affirmative dans la question actuelle. En outre, il serait, ce semble, contradictoire de rejeter toute autorisation tacite qui ne résulterait pas du concours du mari dans l'acte, et de soutenir que le mari a suffisamment concouru à l'acte de sa femme lorsqu'il a tiré sur elle une lettre de change. Nous ajouterons que, quant à l'autorisation de faire le commerce, on admet généralement que le consentement du mari peut s'induire de ce qu'il a connu et toléré la conduite de sa femme; pourquoi admettrait-on une autre règle lorsque les circonstances démontrent clairement que le mari a connu l'acte accompli par sa femme, quoiqu'il n'ait pas précisément concouru à l'acte (1).

(1) Paris, 14 mai 1846. — 23 Février 1849. — 23 Août 1851. — 9 Juin 1857. Aubry et Rau, § 472. — *Contrà*, Marcadé, sur l'art. 217.

SECTION II.

De l'autorisation de la justice.

Comme pour l'autorisation maritale, nous distinguerons les règles de fond des règles de forme.

§ Ier. — *Des règles de fond.*

110. L'autorisation de justice, comme celle du mari, doit être spéciale ; elle doit être donnée pour chaque acte, pour chaque procès, *en connissance de cause*, comme le dit l'article 222. Ainsi que le mari, la justice peut autoriser la femme pour plusieurs actes à la fois, mais sous la réserve que les conséquences et les conditions de ces divers actes auront été suffisamment appréciées.

111. L'autorisation de justice doit encore, comme celle du mari, être antérieure ou concomittante à l'acte ; elle ne peut être donnée après coup. M. Demolombe a essayé de soutenir le contraire ; mais le savant doyen de la Faculté de Caen reconnaît que cette opinion n'est pas suivie, et il présente lui-même les arguments qui la combattent. De même que la ratification du mari ne peut pas enlever à la femme son action en nullité, de même, et pour les mêmes motifs l'autorisation postérieure du tribunal, permettant à la femme de ratifier le contrat, ne pourrait enlever au mari l'action qui lui appartient. En outre, l'autorité maritale recevrait un grave échec si la femme pouvait, à l'insu et contre le gré de son mari, faire seule des actes que la justice validerait postérieurement ; ce serait encourager l'insubordination de la femme et, à vrai dire, l'autorisation maritale n'existerait plus.

112. Comme le mari, la justice peut refuser l'autorisation demandée ; le tribunal apprécie l'opportunité de l'acte que la femme se propose de faire, et, alors même qu'il s'agirait pour elle de plaider comme défenderesse, il peut, comme nous l'avons déjà dit, rejeter sa demande d'autorisation. En présence de ce refus, la femme aura le droit d'appeler, comme le mari pourrait le faire, s'il trouvait que le tribunal a mal à propos accordé l'autorisation.

Il est bien évident que le tribunal, en accédant à la demande de la femme, par cela seul qu'il ne doit accorder qu'une autorisation spéciale, est tenu d'indiquer les conditions sous lesquelles la femme est admise à traiter ; ainsi il doit déterminer l'emploi qu'elle fera du prix retiré de la vente de son immeuble ou fixer le taux de son emprunt.

113. Après avoir rappelé ces règles générales, demandons-nous quels sont les cas dans lesquels la justice interviendra valablement pour accorder à la femme l'autorisation qui lui est nécessaire, et ceux dans lesquels l'autorisation de justice est insuffisante.

I. — Des cas dans lesquels la justice peut autoriser.

114. Ces cas se réduisent à deux : *refus* et *impossibilité* de l'autorisation du mari. Le premier ne présente aucune difficulté. Le mari ne veut pas autoriser sa femme ; celle-ci ne doit pas être victime de cette obstination : aux tribunaux à décider si le refus a ou n'a pas une cause juste (art. 218).

L'impossibilité où peut se trouver le mari d'accorder son autorisation, se présente dans de nombreuses circonstances ; nous allons les énumérer successivement.

115. 1° L'impossibilité d'autorisation peut résulter de l'*absence*. L'article 222 dispose que, si le mari est *absent*, le juge

peut autoriser la femme. Le mot *absent* doit être pris ici comme signifiant l'état d'une personne disparue, ou qui a cessé, depuis si longtemps, de donner de ses nouvelles que son existence est devenue incertaine. Il n'est pas nécessaire que l'absence ait été déclarée, l'article 222 s'applique au présumé absent. Quoique, en principe, la non-présence du mari soit insuffisante pour permettre l'application de l'article 222, néanmoins, nous ne dirons pas, comme Marcadé, que la femme doit, en toute circonstance, attendre le retour de son mari non-présent ou lui demander son autorisation par lettre. Cette interprétation est trop absolue; sans doute, il ne faut pas que la femme profite d'un voyage, que fait son mari, pour aliéner ou pour traiter toute autre affaire à son insu, mais il serait aussi très-fâcheux qu'elle se trouvât, par l'éloignement actuel de son mari, dans l'impossibilité de faire un acte urgent et très-légitime.

116. 2° Le mari *mineur* est incapable d'autoriser sa femme (art. 224). Cette disposition s'explique parce que la loi trouve le mineur incapable de protéger suffisamment la femme elle-même et les intérêts du ménage, et appelle alors la justice à le remplacer.

117. 3° Le mari est *condamné à une peine afflictive ou infamante;* il est indigne d'exercer la puissance maritale et la justice le remplace. L'article 221 exige l'autorisation de justice *pendant la durée de la peine du mari.* Ces mots du texte ont fait naître deux difficultés.

118. Le mari condamné à une peine infamante est déclaré incapable pendant la durée de la peine; or, la dégradation civique est une peine infamante; elle devrait donc, soit comme peine principale, soit comme peine accessoire à une peine afflictive perpétuelle ou temporaire, faire perdre au mari son droit d'autorisation. Mais comme la dégradation civique est perpétuelle, l'incapacité du mari serait aussi perpétuelle (sauf le cas de réhabilitation) dans l'hypothèse où la peine principale était temporaire, ou dans le cas où la grâce a mis fin à l'exécution

d'une peine perpétuelle; or, d'après l'article 221, cette incapacité ne devrait être, dans les deux cas prévus que temporaire. On ne peut sortir de cette difficulté qu'en altérant d'une manière ou d'une autre le texte de l'article 221. Ou bien il faut supprimer les mots « *pendant la durée de la peine,* » ou bien restreindre la généralité de ces termes qui paraissent s'appliquer à toutes les peines infamantes en exceptant la dégradation civique (1). L'article 34 du Code pénal autorise cette dernière interprétation, car en énumérant les incapacités qui résultent de la dégradation civique, il ne prononce pas la déchéance du droit d'autorisation.

110. — La seconde difficulté à laquelle donne lieu l'article 221 naît encore des mêmes expressions, *pendant la durée de la peine* combinées avec ces autres mots, *encore qu'elle n'ait été prononcée que par contumace.* En effet, le condamné par contumace ne subit pas sa peine et il ne peut pas même la subir, car, par cela seul qu'il se représente, il anéantit de plein droit l'arrêt de condamnation (art. 476, Instr. cr.). Faudra-t-il dire que le mari ainsi condamné sera capable de donner à sa femme l'autorisation? Evidemment non. On aura la véritable pensée du législateur en considérant dans ce cas comme durée de la peine, la durée de la contumace elle-même, c'est-à-dire tout le temps pendant lequel la prescription de la peine n'est pas encore acquise (art. 635, Instr. cr.).

120. 4° Le mari est *interdit;* c'est au juge à donner l'autorisation. L'état d'interdiction du mari lorsque c'est la femme qui est tutrice, aux termes de l'article 507, conduit à des résultats qui peuvent, à première vue, paraître contradictoires; la femme joue un double rôle, celui de tutrice et celui d'épouse. Comme tutrice elle n'agit ni en son propre nom, ni pour son propre compte; elle remplit le mandat que la loi lui a confié, sa capacité et ses pouvoirs doivent être réglés par les principes de la

(1) Aubry et Rau, § 472, n° 37. — Demol., IV, n° 116.

tutelle, et non d'après ceux de l'autorisation maritale. En qualité de tutrice elle peut faire seule, relativement à la fortune personnelle du mari tous les actes qui sont dans les attributions du
tuteur. La justice n'interviendra que pour donner son homologation conformément aux règles de la tutelle des interdits et des
mineurs. Aux biens personnels du mari il faut assimiler ceux
de la communauté, et, si d'après les conventions matrimoniales
le mari avait l'administration et la jouissance des biens personnels de la femme, celle-ci aura, pour les actes d'administration
et de jouissance les mêmes droits que les autres tuteurs. Comme
épouse la femme de l'interdit sera soumises aux règles ordinaires
d'incapacité relativement à ses biens personnels, et elle devra se
faire autoriser par la justice, toutes les fois qu'elle voudra ester
en jugement ou accomplir les actes qui excèdent les limites
du droit d'administration (1).

Quand l'interdiction du mari n'a pas été prononcée, l'autorisation qu'il a donnée, soumise aux règles de Droit commun,
pourra être attaquée pour cause de démence; dans l'espèce, la
présomption légale n'existant pas, le demandeur en nullité
devra faire la preuve. Du vivant du mari, il aura pleine liberté
sur le choix des moyens; après sa mort, il devra se conformer à
l'article 504.

121. 5° Le mari sans être interdit a été *placé dans un établissement d'aliénés* conformément à la loi du 30 juin 1838.
MM. Aubry et Rau veulent l'assimiler à l'interdit; nous ne
saurions aller jusque là, car il n'y a pas contre les actes accomplis par l'homme placé dans un établissement d'aliénés une
présomption absolue d'incapacité, comme celle que prononce
l'article 502. Il serait évidemment plus sage de remplacer son
autorisation par celle de la justice, et rien dans la loi ne rejette
ce mode de procéder; mais le Code ne le prescrit pas non plus.
Le mari sera souvent dans l'impossibilité physique de donner

(1) Demol., iv, n° 227.

son autorisation, mais il conserve la faculté légale et le consentement par lui donné, on ne pourra l'attaquer qu'en prouvant qu'il a été donné dans un moment de démence.

122. 6º Le mari est pourvu d'un conseil judiciaire. L'intervention de la justice sera nécessaire, selon la distinction suivante : Le mari pourra habiliter sa femme à accomplir les actes pour lesquels il n'a pas besoin lui-même de l'assistance de son conseil. Quant aux autres actes qu'il ne peut accomplir seul, il est également incapable à leur égard de donner une autorisation valable. Mais si sa femme veut les accomplir, lui sera-t-il permis de l'y autoriser avec l'assistance de son conseil? Cela nous paraît bien difficile à admettre. Le mari mineur n'autorise pas avec l'assistance de son tuteur. Le tuteur du mari interdit n'autorise pas à sa place; comment dès lors le curateur serait-il apte à habiliter le mari à autoriser? Quand celui-ci ne peut accorder lui-même l'autorisation, il faut recourir à la justice; la loi n'admet pas l'intervention d'un tiers entre les époux (1).

123. 7º La loi n'a pas prévu le cas où la femme est *mineure*, l'hypothèse doit être réglée d'après les principes généraux. Si le mari est majeur il est aujourd'hui encore, comme le disait Lebrun, le curateur né de sa femme et le Code lui reconnaît implicitement cette qualité dans l'article 2208. Son autorisation suffira pour tous les actes qu'un mineur émancipé peut faire avec la seule assistance du curateur. Quand aux autres actes, la femme ne pourra les accomplir qu'après s'être pourvue de l'autorisation du conseil de famille, de l'homologation du tribunal suivant les formes ordinaires et de plus de l'autorisation maritale dont elle ne pourrait pas se dispenser.

124. Si le mari est mineur il ne peut-être chargé de la curatelle; de même s'il refuse ou s'il est dans l'impossibité d'assister sa femme le tribunal désigne un curateur qui le remplacera; c'est suivant la pensée de M. Mourlon, un simple curateur

(1) Demol., t. IV, nº 226.

ad hoc désigné pour chaque affaire, l'état de femme mariée ne comportant pas l'établissement d'une curatelle permanente et générale (1).

125. 8° La femme est *interdite*. Si le mari est tuteur pas de difficulté, il faudra simplement appliquer les règles ordinaires de la tutelle. Mais, si le mari a été accusé, exclu ou destitué de la tutelle, qu'elle marche faudra-t-il suivre? La femme interdite n'ayant le droit de faire aucun acte pour elle-même, la théorie de l'incapacité de l'épouse est étrangère à sa situation. Celle-ci sera réglée par les principes ordinaires de la tutelle, et, ainsi que l'a décidé la Cour d'Amiens, le tuteur n'aura pas besoin de l'autorisation du mari, il serait contraire à la raison de créer deux autorités rivales et souvent inconciliables (2).

126. 9° La femme est pourvue d'un conseil judiciaire; apte à agir par elle-même avec l'assistance de son conseil, elle diffère de la femme interdite. Si le mari n'est pas son curateur, il devra intervenir concurremment avec le conseil; à son défaut la justice donnera l'autorisation nécessaire à la femme qui resterait incapable, comme épouse, si elle n'était assistée que de son curateur.

II. — Des cas dans lesquels l'autorisation de justice ne peut pas remplacer celle du mari.

127. En général la justice peut accorder son autorisation à la femme dans tous les cas où le mari pourrait autoriser. Il y a cependant certaines hypothèses dans lesquelles le consentement du mari est seul efficace.

128. 1° Mariée sous le régime dotal la femme ne peut

(1) Mourlon, t. 1, n° 780 note (2).
(2) Amiens, 20 décembre 1828.

aliéner ses biens dotaux pour l'établissement des enfants communs sans le consentement de son mari. L'autorisation de justice au contraire est suffisante lorsqu'il s'agit d'établir les enfants d'un premier lit (art. 1555 et 1556). L'affection du mari pour ses propres enfants est une garantie qu'il ne refusera pas son autorisation mal à propos, tandis qu'il était à craindre qu'il ne fut moins sensible aux intérêts des enfants de sa femme, issus d'un premier mariage. Sous tous les autres régimes et sous le régime dotal pour les paraphernaux la justice pourra toujours au cas de refus du mari, autoriser la femme à aliéner ses biens pour l'établissement des enfants communs. La restriction de l'article 1556 est toute spéciale aux biens dotaux.

La loi n'ayant pas prévu le cas d'absence ou d'incapacité du mari, on reste soumis à cet égard à la règle générale d'après laquelle le consentement du mari peut être remplacé par celui de la justice. — Dans le cas d'interdiction du mari, M. Oudot, veut que l'on applique l'article 511 ; cependant l'hypothèse de cet article diffère sensiblement de celle que nous étudions. Dans celle-ci, il ne s'agit pas de disposer des biens propres du mari mais seulement de ceux de la femme, et nous savons que, quand la femme n'est autorisée que par justice, la jouissance des immeubles dotaux est réservée au mari (article 1555) ; par conséquent, les intérêts de ce dernier ne sont nullement engagés. Il en serait autrement s'il s'agissait de donner la pleine propriété des biens dotaux ; alors le conseil de famille du mari interdit devrait intervenir, conformément à l'article 511, pour renoncer aux droits du mari sur les biens dotaux.

120. 2° D'après l'article 1029 la femme qui n'est pas séparée de biens ne peut accepter la charge d'exécutrice testamentaire qu'avec le consentement du mari. La raison de cette disposition se trouve dans le caractère de l'exécuteur testamentaire ; imposé aux héritiers, non choisi par eux, il ne peut être

révoqué par leur seule volonté, il doit donc leur offrir une garantie sérieuse et efficace; or, lorsque le mari a la jouissance des biens de sa femme, les engagements contractés par celle-ci avec la seule autorisation de justice ne peuvent être exécutés que sur la nue-propriété de ses biens. La loi a trouvé cette garantie insuffisante; elle veut le consentement du mari qui engagera la pleine propriété des biens de la femme. Au contraire, lorsque les époux sont séparés de biens, l'autorisation de justice suffit pour que les biens de la femme soient pleinement engagés. Cette dernière offre donc aux héritiers autant de garanties que toute autre personne. La même observation s'appliquera à la femme dotale si elle a des paraphernaux; l'autorisation de justice lui suffira pour l'habiliter à accepter la charge d'exécutrice testamentaire.

130. 3° La femme ne pourra compromettre que si elle est autorisée par son mari. Cette solution résulte de la combinaison des articles 83 et 1004 du Code de procédure; en effet, d'après l'art. 83, lorsqu'une femme n'est pas autorisée par son mari, sa cause doit toujours être communiquée au ministère public, et aux termes de l'article 1004 on ne peut jamais compromettre sur des contestations sujettes à cette formalité.

131. 4° C'est une question très-controversée que celle de savoir si la femme peut être autorisée par la justice à faire le commerce. Nous distinguerons entre le cas d'impossibilité d'autorisation maritale et celui de refus du mari. Si le mari est incapable, soit physiquement, soit légalement, d'autoriser sa femme, les juges pourront le remplacer. Comment ne pas leur reconnaître ce pouvoir s'ils voient que faire le commerce est le seul moyen pour la femme d'échapper à la misère et de subvenir aux besoins de ses enfants? Dira-t-on que la communauté va se trouver engagée sans le consentement du mari; il nous semble qu'on peut répondre par l'article 1427 qui nous indique la véritable pensée du législateur, en permettant à la justice au

cas d'absence du mari d'autoriser la femme à engager les biens
communs pour l'établissement des enfants.

132. Mais dans l'hypothèse où le mari refuse à sa femme l'autorisation de faire le commerce, la justice ne peut intervenir.
En dehors de la disposition formelle de l'article 4 du Code de
commerce, diverses raisons justifient cette opinion. En effet,
si les époux sont mariés en communauté, les engagements que
la femme contracte pour son commerce obligent le mari comme
elle-même. Comment admettre dès lors que la femme pourra
passer outre au refus du mari? Si nous supposons les époux séparés de biens, l'intervention de la justice est encore inadmissible.
Sans doute s'il ne s'agissait que d'actes isolés, déterminés,
les juges pourraient au cas de refus du mari autoriser la femme;
il leur est possible d'apprécier les conséquences de l'acte qu'ils
permettent, conséquences limitées, déterminées comme cet
acte lui-même. Au contraire, la profession de commerçante
exige chez la femme une certaine aptitude, une certaine habi-
leté dont le mari est meilleur juge que le tribunal ne peut l'être.
Pourquoi obliger le mari à venir divulguer à la justice les raisons
pour lesquelles il n'a pas confiance dans sa femme? Qu'on
n'objecte pas que quand il s'agit d'un acte déterminé la justice
peut autoriser la femme après avoir entendu le mari justifier
son refus, ce dernier, en pareil cas, n'a pas à dévoiler le caractère, les défauts de sa femme, il lui suffit de montrer que les
conséquences de l'acte lui-même seraient nuisibles. En outre,
il est bien difficile d'admettre que la femme puisse, malgré son
mari, introduire le public dans la maison de ce dernier, c'est au
chef du ménage qu'il appartient de régler le genre de vie, les
habitudes de sa famille. Ainsi se justifie, croyons-nous, la distinction que nous avons faite. Toutefois, nous reconnaîtrons avec
M. Demolombe, que le texte de l'article 4, du Code de commerce est bien formel et conçu dans les termes les plus absolus,
et nous comprenons que beaucoup d'auteurs déclarent que,
dans aucun cas, le mari fut-il absent ou interdit, la justice ne

peut autoriser la femme à faire le commerce. Mais leur opinion nous paraît inconciliable avec les nécessités de la vie pratique (1).

Si la justice ne peut autoriser la femme à faire le commerce contre le gré du mari, elle pourra néanmoins lui permettre de terminer les opérations commencées, dans le cas où le mari révoquerait intempestivement son autorisation.

133. M. Demolombe professe l'opinion que la justice ne peut, au cas du refus du mari, autoriser la femme à publier des productions littéraires, ou à faire représenter des œuvres dramatiques, car, ce qui est en question, ce n'est pas un intérêt pécuniaire, c'est l'honneur, la considération, la réputation de la famille. A plus forte raison faut-il refuser au tribunal le droit de permettre à la femme d'exercer la profession d'artiste dramatique (2).

134. Dans le cas où la femme est mineure, le mari n'aura pas à lui seul le pouvoir de lui permettre de faire le commerce. Il faudra, croyons-nous, appliquer dans l'espèce l'article 2 du Code de commerce et exiger l'autorisation soit du père ou de la mère, soit du conseil de famille. Le mari ne saurait de sa seule autorité habiliter sa femme à vendre et à hypothéquer ses immeubles; il y aurait là un danger trop sérieux pour sa femme et pour sa famille, le mari pourrait ainsi indirectement dénaturer la fortune de sa femme et s'approprier ses capitaux.

III. — De la compétence du tribunal.

135. D'après l'article 219, la femme doit faire citer son mari devant le Tribunal du domicile commun. Cette règle est trop

____

(1) Marcadé, sur l'art. 220. — Duranton, t. 11, n° 478. — Paris, 21 octobre 1844 et 7 juil. 1860. — Contrà, Aubry et Rau, § 472. — Demol., t. 1v, n° 218. — Bravard et Demengeat, dr. com. t. 1, p. 08.

(2) Demol, t. 1v, n° 218 bis.

générale; nous devons distinguer deux hypothèses : celle où la femme se porte demanderesse, et celle où elle est défenderesse.

136. 1° S'agit-il d'obtenir une autorisation pour *contracter* ou pour plaider comme *demanderesse,* le tribunal compétent, est le tribunal de première instance du domicile commun; il n'est désigné expressément dans l'article 219 que relativement à l'autorisation de passer un acte , mais les auteurs sont unanimes, en présence des articles 861 du Code de procédure, et 218 du Code civil, pour étendre les dispositions de l'article 219, au cas où la femme sollicite l'autorisation de plaider comme demanderesse.

Si les époux sont séparés de corps, la femme a un domicile distinct de celui du mari, c'est le juge du nouveau domicile qui sera compétent. Cette règle ne souffre aucune difficulté dans le cas où la justice peut autoriser la femme sans entendre préalablement le mari (art. 221 et 222). Nous donnerons une autre solution lorsque le mari doit être consulté. « Comment admettre que le mari soit obligé de se transporter à de grandes distances pour déduire les causes d'un refus que les juges de son domicile apprécieront mieux que tous les autres! (1).

Si la femme plaide comme demanderesse en appel, c'est la Cour seule qui est compétente pour l'autoriser. Il serait bizarre de demander au Tribunal de première instance l'autorisation de faire réformer ses propres décisions , ou de demander au tribunal du domicile d'exercer une espèce de contrôle sur la sentence rendue par une juridiction égale. Cette solution laisse, du reste, entière la question de savoir si la femme autorisée à plaider en première instance est ou n'est pas par cela même capable de plaider en appel.

Lorsque la femme se pourvoit en cassation, les mêmes raisons nous conduisent à décider , avec la Cour suprême, qu'elle est seule compétente pour autoriser la femme à plaider devant elle (2).

(1) Rodière, l. c. ii , p. 402.
(2) Cass., 2 août 1853,et 4 avril 1855.

138. 2° Si la femme joue le rôle de défenderesse , par qui doit-elle être autorisée ? La loi est muette sur ce point , mais il faut reconnaître que l'autorisation doit être donnée par le tribunal saisi de l'affaire, quel qu'il soit , ou plus généralement par la juridiction devant laquelle la femme est appelée pour se défendre. En effet, il ne s'agit pas d'une cause distincte de la cause principale ; l'autorisation à obtenir est un simple incident , une formalité accessoire ; *pertinet ad officium judicis universam quæstionem incidentem, quæ in judicium devocatur examinare (1)* , par conséquent, l'autorisation pourra être donnée par un tribunal civil, un tribunal de commerce, par le juge de paix, etc... (2).

§ 2. — *Des règles de forme.*

139. Quatre articles du Code de procédure sont consacrés à cette matière. Il faut encore distinguer du sujet de cette nouvelle question suivant que la femme est demanderesse ou qu'elle est défenderesse.

140. 1° Du cas où l'autorisation est demandée par la femme elle-même. — Si le mari est capable et présent , la femme doit le mettre en demeure d'accorder son autorisation. L'article 861, Code de procédure , indique la forme à suivre. La requête présentée au président et la sommation au mari contiendront l'exposé sommaire de l'affaire et des motifs pour lesquels l'autorisation est demandée. L'article 863 prévoit le cas d'absence présumée ou déclarée du mari ; ce même article s'applique au cas d'interdiction. Dans ces diverses hypothèses, la femme joindra à sa requête le jugement déclaratif de l'absence , ou celui

(1) C. 1, Cod. de ord. jud. (3, 8)
(2) Cass. 10 fév. 1858. — Rodière, *Cours de comp. et de proc.*, t. II, p. 402.

qui a prononcé l'interdiction ; elle suivra les mêmes formes si le mari est pourvu d'un conseil judiciaire, ou s'il a été placé dans un établissement public d'aliénés. Dans ce dernier cas, le jugement absent séra remplacé par un certificat du médecin en chef de l'établissement.

Le Code de procédure est muet sur le cas où le mari a été frappé d'une condamnation à une peine afflictive ou infamante ; mais il est évident que dans cette hypothèse encore, il faut suivre la même marche, et que la femme devra joindre à sa requête l'arrêt de condamnation. Si le mari est mineur, la femme doit-elle le sommer ? Non, car le mari mineur ne peut ni accorder, ni refuser l'autorisation ; la sommation est donc inutile. Faudra-t-il l'appeler à la Chambre du conseil ? Nous répondrons encore négativement ; mais, avec M. Demolombe, nous pensons que le tribunal pourra l'entendre officieusement.

141. Les principaux actes de la procédure à suivre sont : sommmation par la femme au mari d'avoir à l'autoriser (861 pr.) — Requête de la femme au président à fin d'assigner le mari (même article). — Ordonnance en réponse permettant l'assignation (même article). — Assignation du mari à la chambre du conseil (même article). — Audition des époux et de ceux qui peuvent les assigner (862). — Rapport d'un juge dans le cas d'absence ou d'interdiction. (863 et 864). — Conclusions du ministère public (862). — Jugement (862).

142. Cette procédure en autorisation est toute exceptionnelle. Le ministère des avocats est en cette matière seulement facultatif, la loi toutefois ne le prohibe pas ; en effet, la faculté de se faire assister d'un avocat est de droit commun et, quand le législateur veut déroger à ce principe, il le déclare expressément. Dans le cas actuel, le ministère d'un avocat sera très-souvent utile aux parties incapables d'expliquer elles-mêmes les motifs qui doivent faire accorder ou refuser l'autorisation.

143. Cette procédure doit s'accomplir tout entière dans la

chambre du conseil ; toutefois c'est là une solution contestée , et dans la pratique du tribunal de la Seine, le jugement est prononcé à l'audi nce. Il nous paraît résulter du texte des articles 861 et 862 que cette façon de procéder n'est pas dans l'esprit de la loi ; elle offre ce grave inconvénient d'amener les époux , leurs avocats ou le ministère public à dévoiler sans nécessité à la foule la situation, l'état de la fortune des parties. Du reste M. Berlier a positivement déclaré que c'est à la chambre du conseil que le mari doit être cité, les parties entendues et le jugement rendu (1).

144. La procédure extraordinaire requise en première instance doit aussi être suivie en appel, les motifs sont exactement les mêmes et la question ne fait plus de doute depuis l'arrêt rendu par la Cour de cassation, le 20 janvier 1846, dans l'affaire de la princesse de la Moskowa.

145. La marche prescrite par le Code de procédure pour le cas où la femme est demanderesse en justice , sera suivie également dans l'hypothèse où la femme veut contracter. L'article 219 du Code civil, il est vrai, paraît lui permettre de citer directement le mari sans sommation, requête ni ordonnance préalables. Mais, comme il n'y a pas de différence entre ces deux cas , et que la marche indiquée par l'article 861 du Code de procédure est plus respectueuse que celle de l'article 219, on s'accorde généralement à considérer ce dernier texte comme modifié par le premier.

146. La femme, qui veut obtenir l'autorisation d'agir contre son mari, procédera de la manière indiquée dans le Code de procédure. Il peut paraître singulier de demander l'autorisation de plaider à son propre adversaire ; mais il ne faut pas que la femme puisse témérairement troubler la paix du ménage par des procès sans fondement. Il importe que le tribunal puisse, en connaissance de cause, arrêter de semblables demandes, or,

(1) Locré , lég. civ., t. 23, p. 182. — Rodière , l. c., t. II, p. 403.

comment aurait-il les lumières nécessaires, si le mari n'était pas entendu ?

147. 2° Du cas où la femme défenderesse ne demande pas elle-même l'autorisation d'ester en justice. — « L'action du demandeur, disait M. Berlier dans l'exposé des motifs, ne peut être dans ce cas subordonnée à la volonté du mari, ni paralysée par elle ; si le mari est assigné pour autoriser sa femme parce qu'il lui est dû connaissance des actions dirigées contre elle, comme son protecteur naturel, cette autorisation n'est, au surplus, et en ce qui regarde l'action du tiers demandeur, qu'une simple formalité, que la justice supplée quand le mari la refuse » (1).

L'autorisation n'est donc pas dans cette hypothèse l'objet d'un débat particulier et préalable. Le tiers, qui assigne la femme, assigne également le mari à l'effet d'autoriser ; il ne suffirait pas qu'il se bornât à assigner la femme en la requérant de se faire autoriser. Si le mari assigné refuse l'autorisation, ou fait défaut, ou s'il est absent ou interdit, le tribunal accordera l'autorisation sur les conclusions du demandeur en même temps qu'il statuera sur la demande principale. Le tribunal doit prononcer sur ce chef des conclusions, comme sur tous les autres, par une déclaration formelle et par le dispositif du jugement, car le demandeur a dû prendre des conclusions et le tribunal a sur ce chef à prononcer comme sur les autres. Quoique M. Berlier dise que l'autorisation n'est qu'une simple formalité, la justice pourrait, après examen préalable, refuser à la femme défenderesse l'autorisation d'ester en jugement, car la résistance de cette dernière peut être évidemment mal fondée et les juges doivent lui éviter une condamnation à dommages et intérêts pour résistance injuste. Elle sera dans ce cas jugée par défaut, mais le mari ne sera pas passible des dépens.

(1) Locré, lég. civ., t. 23, p. 181.

148. Des règles qui précèdent, il résulte que l'autorisation de la justice ne peut pas être tacite comme celle du mari, mais qu'elle doit au contraire être toujours expresse.

CHAPITRE III.

DES EFFETS DE L'AUTORISATION.

149. L'effet général de l'autorisation accordée à une femme par le mari ou par la justice est de lever l'incapacité qui résulte pour elle de l'état de mariage. Mais l'autorisation doit être envisagée successivement dans ses effets à l'égard de la femme, et dans ses effets à l'égard du mari.

SECTION I.

Des effets de l'autorisation à l'égard de la femme.

150. La femme autorisée devient aussi capable que celle qui n'est pas mariée, qu'elle l'ait été par son mari ou par la justice. De là deux conséquences : 1° La femme pourra, nonobstant l'autorisation, attaquer l'acte juridique par elle consenti, par tous les moyens de nullité qui lui appartiendraient si elle n'était pas mariée. L'autorisation a pour but et pour effet d'effacer une certaine incapacité, mais ne prive pas la femme du bénéfice du droit commun ; 2° la femme ne pourra pas, en dehors de ces moyens communs, attaquer l'acte, qu'elle a été autorisée à passer, en soutenant qu'il aurait mieux valu pour elle de n'être pas autorisée. L'autorisation n'entraîne de la part du mari

aucune garantie ; à la femme de voir si l'acte pour lequel elle a été habilitée lui est avantageux ou nuisible. Si le mari a donné son consentement mal à propos, mais de bonne foi, il n'est nullement responsable. Il en serait autrement si des circonstances particulières démontraient qu'il a agi frauduleusement, parce qu'il avait indirectement un intérêt contraire à celui de sa femme ; la fraude permettrait à cette dernière de demander la nullité de l'acte.

151. Mais quelle est l'étendue, quelles sont les conséquences de l'autorisation accordée ? Jusqu'à quelle limite produira-t-elle ses effets ? Question importante qui a fait naître dans la doctrine et dans la jurisprudence des opinions contradictoires.

Une proposition certaine est la suivante : L'autorisation ne s'applique qu'au genre d'acte juridique pour lequel elle a été accordée et sous les conditions auxquelles a été soumis l'accomplissement de cet acte. Ainsi, la femme habilitée pour faire un acte à titre onéreux ne peut évidemment pas aliéner à titre gratuit. Evidemment encore l'autorisation de vendre n'emportera pas celle d'emprunter, ni même celle de recevoir le prix de vente, si la femme n'est pas séparée de biens.

152. Mais la femme autorisée à ester en justice peut-elle transiger, acquiescer, déférer le serment...? L'autorisation de former une demande en justice emporte celle de comparaître préalablement au bureau de conciliation. L'application de ce principe est toutefois contestée ; quelques auteurs soutiennent que les causes des femmes sont dispensées du préliminaire de conciliation, d'autres veulent qu'elles y soient soumises ; en pratique, l'usage est de citer la femme mariée conjointement avec le mari. A l'inverse, l'autorisation de comparaître en conciliation ne comprendra pas celle d'ester en justice ; car la tentative de conciliation diffère profondément d'une instance par son caractère et ses effets.

153. L'autorisation de plaider ne suppose pas celle de transiger. La transaction n'est pas un acte de procédure, c'est un

contrat contenant renonciation à des prétentions et presque toujours aliénation ; c'est l'art. 217 , et non l'art. 215, qui est ici
applicable.

154. La femme habilitée pour plaider ne pourra ni acquiescer,
ni se désister ; le désistement et l'acquiescement contiennent
une aliénation de prétentions , peut-être même de droits , ils
nécessitent une autorisation nouvelle.

155. De même la femme ne pourra faire spontanément aucun
aveu, car cet acte peut déguiser une aliénation ; mais si l'aveu
ressort d'un interrogatoire sur faits et articles , ou d'une com-
parution de parties, il sera parfaitement valable. On ne com-
prendrait pas que le refus du mari pût enlever à la femme
une voie d'instruction commune et réciproque. C'est donc
seulement l'aveu spontané que la femme ne pourra pas faire
sans autorisation spéciale.

156. Il faut donner une décision semblable relativement au
serment litis-décisoire. La femme ne pourra pas le déférer, car
une telle faculté n'appartient qu'à ceux qui ont la capacité de
transiger. Déférer le serment ce n'est plus plaider, c'est remettre
le sort du procès tout entier à l'autre partie ; or, la femme a
bien été autorisée à plaider, mais non à abandonner ses droits.
— La question de savoir si la femme est capable de prêter le
serment qui lui est déféré, ou si elle peut le référer, doit être
résolue de la même manière. Vainement invoque-t-on les droits
de son adversaire. Pour que le serment soit valablement déféré
à une partie, il faut que celle-ci soit capable de faire tout ce
que cette situation particulière autorise, c'est-à-dire de le référer elle-même à son adversaire. Or, nous venons de dire que la
femme mariée ne le pouvait pas sans une autorisation toute
spéciale. Cette solution présente du reste de grands avantages.
Le serment pourrait être un moyen facile de fraude et servir
à masquer des aliénations concertées à l'avance. — Il faudra
décider tout autrement à l'égard du serment supplétoire; le
juge pourra le déférer d'office à la femme autorisée à plaider,

sans nouvelle autorisation. C'est un simple moyen de preuves qui ne dessaisit nullement la justice.

157. L'autorisation accordée à la femme de poursuivre la séparation de biens, et du reste toute autorisation de plaider, entraîne celle de poursuivre l'exécution du jugement obtenu. Le but final de tout procès est l'obtention d'une sentence utile par son exécution. Par application de ce principe, nous disons que la femme séparée de biens pourra faire une surenchère sur la vente des biens appartenant à son mari. Quoique la surenchère soit un acte très-grave, cette solution est seule admissible en présence de l'article 1444. Obligée de faire exécuter sous peine de déchéance le jugement de séparation, la femme doit pouvoir employer les moyens nécessaires, c'est-à-dire saisir les immeubles du mari, en provoquer l'adjudication et s'exposer à en rester adjudicataire sur sa mise à prix. Le bon sens indique que, si le premier adjudicataire ne remplit pas ses obligations, la femme pour atteindre le but qu'elle se propose, l'adjudication définitive, doit pouvoir former une surenchère, seul moyen d'y arriver. La jurisprudence est parfaitement fixée en ce sens.

158. Une question plus délicate, relative aux effets de l'autorisation, est celle de savoir si l'autorisation d'ester en jugement comprend celle de suivre tous les degrés de juridiction et d'employer toutes les voies de recours. Nous avons déjà dit que, lorsqu'une fille ou une veuve venait à se marier après avoir figuré dans une instance, elle ne pouvait, sans être autorisée, ni appeler, ni se pourvoir en cassation. Ecartons cette hypothèse; supposons que la femme était déjà mariée lors de l'introduction de la première instance. Pour agir en pareil cas, elle a dû se munir du consentement soit du mari, soit de la justice. — A-t-elle agi avec le consentement du mari? Dans cette hypothèse, deux cas ne présentent aucune difficulté. Celui où l'autorisation a été formellement limitée à tel ou tel degré de juridiction, à telle ou telle voie de recours; celui où elle a été expressément donnée pour tous les degrés de juridiction et pour

soutenir la lutte par toutes les voies légales. Cette autorisation n'est pas générale, elle est spéciale à l'affaire dont il s'agit.

159. En dehors de ces deux hypothèses, la femme autorisée vaguement à soutenir tel procès, à former telle demande......, peut-elle parcourir tous les degrés de juridiction et employer toutes les voies de recours? Sur cette question on discute très-vivement et la Cour de cassation a changé sa jurisprudence. D'après ses premiers arrêts il faudrait distinguer suivant que la femme a gagné ou perdu le procès en première instance. L'a-t-elle gagné? elle n'a pas besoin d'autorisation pour défendre sur l'appel interjeté par son adversaire. Comment croire que le mari n'a pas voulu lui permettre de défendre la décision favorable, par elle obtenue, même jusque devant la Cour de cassation? En faveur de cette distinction on argumente de l'article 49 de la loi du 18 juillet 1837, d'après lequel une commune autorisée à plaider n'a pas besoin d'une nouvelle autorisation pour défendre à l'appel interjeté contre elle, tandis qu'elle ne peut se dispenser de l'avoir pour se porter appelante (1).

160. Par les trois arrêts des 4 mars 1845, 15 décembre 1847 et 18 août 1857, la Chambre civile de la Cour de cassation est revenue sur cette jurisprudence et admet la nécessité d'une autorisation nouvelle pour chaque instance relative à la même action. Ainsi la femme capable d'ester en première instance ne l'est pas pour l'instance d'appel, et celle qui a été autorisée en appel ne peut se pourvoir en cassation. Il peut y avoir lieu à examen et à délibération sur le point de savoir si le procès doit être poursuivi devant une juridiction supérieure et différente, et il est dès lors nécessaire que le mari soit consulté. MM. Aubry et Rau, et Duranton, ont adopté cette opinion (2).

161. Voici maintenant la solution proposée par M. Demolombe; elle peut se résumer en deux propositions : L'autorisa-

(1) Cass., 5 août 1810, 21 fév. 1841, 25 janv. 1843.
(2) Duranton, II, n° 459. — Aubry et Rau, § 472, note 72.

tion d'ester en justice comprend celle de faire valoir les droits de la femme par tous les moyens *ordinaires* que la loi fournit aux plaideurs. Ainsi, la femme autorisée à plaider, condamnée par défaut, pourra former opposition ; celle qui a gagné ou perdu en première instance pourra se défendre ou attaquer en appel ; l'argument tiré de la situation des communes n'est pas probant, car il n'y a point analogie entre cette situation et celle de la femme mariée. L'appel, dit le savant professeur, c'est la suite ordinaire du procès, le mari a dû le prévoir. Il pouvait limiter son autorisation à la première instance et, s'il ne l'a pas fait, c'est donc qu'il ne l'a pas voulu. Cette interprétation ne présente que des avantages sans inconvénients, car le mari peut révoquer son autorisation, s'il le juge à propos, tandis que, multiplier les autorisations, serait accroître les lenteurs et les frais. — Mais l'autorisation d'ester en justice n'emporte pas celle de recourir aux voies *extraordinaires*. On ne peut dire que le mari les ait eues en vue et, par conséquent, un nouveau consentement sera indispensable pour le pourvoi en cassation, la tierce opposition, la requête civile et la prise à partie (1).

162. Si la femme a été autorisée par justice, une distinction nous paraît nécessaire. Cette autorisation a-t-elle été donnée par le juge incidemment à l'instance dont il était saisi, il faudra dire, avec la cour suprême, qu'elle ne saurait être étendue au-delà de cette instance ; si, au contraire, elle a été accordée par la justice sur demande principale, introduite conformément aux articles 861 et suivants du Code de procédure, cette autorisation doit produire des effets aussi étendus que ceux de l'autorisation maritale.

163. Une sorte d'autorisation qui doit être largement interprétée est celle donnée à la femme de faire le commerce. Elle forme une exception considérable au principe de la spécialité. La femme commerçante aura, dans la sphère de son commerce,

(1) Demol., t. IV, n° 286 et suiv.

une pleine liberté et une complète indépendance. Mais cette capacité sera limitée aux actes relatifs à son négoce ; il n'y a aucune raison de l'étendre à d'autres actes, quand même ils seraient commerciaux. Le mari l'a bien autorisée implicitement à faire tout ce qu'exigerait le genre de commerce qu'elle exerce, mais rien au-delà. L'article 5 du Code de commerce, ainsi que l'article 220 du Code civil, nous paraissent trancher la question en disant : Pour ce qui concerne *son* négoce, *son* commerce.

Cette autorisation comporte des pouvoirs très-étendus, et la femme marchande publique peut s'obliger, aliéner, hypothéquer ses biens, par suite, transiger et faire généralement tous les actes relatifs à son commerce, excepté poursuivre un procès ou compromettre. Mais la capacité de la femme pour faire le commerce n'est cependant pas illimitée, elle doit être restreinte aux actes nécessaires au genre de commerce que le mari a autorisé. Ainsi, la femme ne pourra pas cautionner la dette commerciale d'un autre commerçant, car ce cautionnement n'est pas relatif à son propre négoce ; de même, l'autorisation donnée par le mari de faire le commerce n'implique pas celle de se mettre en société avec un tiers. On ne saurait sans doute lui interdire une association en participation en vue d'une affaire déterminée, un achat ou une revente de compte à demi avec un tiers. Ces actes ne constituent pas de véritables sociétés, mais de simples opérations faites en commun. L'association proprement dite, la formation d'un contrat de société pour une suite non-interrompue d'affaires, présente un tout autre aspect. Nous ne pouvons admettre que le mari, qui autorise sa femme à faire le commerce, entende, par cela seul, l'autoriser à se mettre en société. Le mari a pu croire la femme capable de faire le commerce elle-même, s'en rapporter à sa prudence, en conservant le droit de révoquer l'autorisation. Cette garantie lui échapperait si la femme pouvait contracter seule une société avec des tiers. Elle pourrait choisir des associés téméraires ou insolvables, et le droit de révocation du mari serait mis en échec par ce contrat de société.

164. C'est une question controversée que celle de savoir si les actes accomplis par la femme marchande publique doivent être présumés relatifs à son commerce ou s'ils sont, au contraire, présumés y être étrangers, dans les cas où ils ne présentent pas un caractère bien déterminé. Les commentateurs du Code civil et du Code de commerce sont très-partagés sur ce point. Les uns enseignent que, dans tous les cas, le tiers avec lequel la femme a traité, et auquel elle oppose son incapacité, devra prouver que l'affaire concernait le négoce de la partie adverse. Ils invoquent l'incapacité générale de la femme mariée, incapacité dont elle n'est relevée que par exception et pour les opérations qui se rattachent à son commerce (1). D'autres auteurs ont distingué entre les simples billets et les emprunts souscrits par acte notarié. La présomption de commercialité s'attache, d'après l'article 638, aux billets souscrits par un commerçant ; or, on suppose la femme commerçante : cette présomption est donc applicable à ses actes. Mais les obligations consenties par acte notarié ne peuvent être présumées souscrites pour fait de commerce, cette présomption serait contraire à l'esprit de l'article 638, et l'usage n'est pas de consentir des obligations commerciales devant notaire (2).

165. Dans une troisième opinion on admet la présomption contraire ; l'acte même civil sera réputé fait dans l'intérêt du commerce de la femme. Le législateur a crû qu'il convenait d'habiliter cette dernière à s'obliger, à hypothéquer ses immeubles ; cette concession une fois faite, les conséquences doivent en être acceptées franchement, et ce serait la rendre illusoire que d'imposer aux tiers l'obligation de prouver que l'acte même notarié accompli par la femme a eu pour cause son commerce. Comment veut-on qu'ils le sachent, il faudrait que la femme les mit au courant de ses affaires ; et le commerce est-il possible dans de semblables conditions ? Voici comment M. Demo-

---

(1) Bravard, *Tr. de dr. com.*, p. 97. — Massé, *Dr. com.*, t. III, n° 93.
(2) Marcadé, sur l'art. 220.

lombe résume cette opinion : la déclaration faite par la femme, que l'acte a pour cause son commerce, suffit à l'égard des tiers de bonne foi pour que l'acte soit présumé concerner réellement le négoce de la femme; mais cette même déclaration n'empêchera pas la femme d'obtenir la nullité de l'acte contre le tiers qui aura connu la fausseté de la déclaration. Du reste, les tiers ne peuvent être tenus de suivre l'emploi des fonds par eux versés entre les mains de la femme, sinon ils seraient obligés de s'immiscer dans le détail de toutes ses affaires, par suite l'absence de déclaration n'empêchera pas l'acte d'être valable à leur égard s'ils ont pu d'après les circonstances légitimement croire que la femme agissait dans l'intérêt de son commerce. Il ne suffit pas de dire que la présomption de commercialité existera au profit des tiers, il faut dire que l'acte sera maintenu quand le tiers aura été de bonne foi, car il ne peut être responsable de l'usage frauduleux, fait par la femme, de son incapacité (1).

SECTION II

Des effets de l'autorisation à l'égard du mari.

166. Examinons séparément les deux hypothèses suivantes : l'autorisation émane du mari, elle émane de la justice.

167 Elle a été donnée *par le mari*.

Cette autorisation n'engendre pas par elle-même d'obligation personnelle à la charge du mari. Elle a pour but et pour résultat d'effacer l'incapacité de la femme, sans obliger le mari lui-même : *Qui auctor est se non obligat.* Ce principe peut se trouver modifié par l'effet des conventions matrimoniales. Sous le régime de séparation de biens le mari ne retirant aucun avantage des actes passés ou des procès sou-

(1) Demol., t. IV, nos 300 et suiv.

tenus par sa femme n'est tenu ni des charges, ni des obligations résultant de ces actes ou de ces procès.

108. Sous le régime de la communauté soit légale, soit conventionnelle, le mari sera tenu des obligations contractées par la femme qu'il a lui-même autorisée, les articles 216, 220, 1409, 1416, 1419, 1426 ne laissent pas de doute sur ce point. Si l'article 1413 déclare que les créanciers de la succession purement immobilière ne pourront poursuivre ni les biens du mari, ni les biens de la communauté, quoique la femme ait été autorisée par le mari, c'est que l'acte lui-même avertissait les tiers qu'il ne s'agissait que des intérêts personnels de la femme. La même raison expliquera la disposition de l'article 1432, d'après lequel le mari ne sera pas en principe garant de la vente faite par la femme d'un immeuble à elle propre.

109. Sous le régime dotal, si la femme exerce le commerce à l'aide de ses biens paraphernaux, le mari doit rester étranger aux pertes comme aux bénéfices, la femme étant, quant aux paraphernaux, véritablement séparée de biens. Dans le cas d'une constitution générale de dot de tous les biens présents et à venir, le mari doit rester encore étranger aux obligations contractées par la femme marchande publique. Mais, dira-t-on, comment la femme pourra-t-elle faire le commerce, puisque tous ses biens sont inaliénables (art. 1554 C. civ. et 7 C. de com.)?

L'hypothèse n'est pas impossible : un tiers, après avoir reconnu l'aptitude spéciale de la femme, lui a donné des fonds. Au moyen de ces sommes, la femme réalisera des bénéfices qui ne devront pas, croyons-nous, appartenir au mari, car l'industrie de la femme, c'est-à-dire sa force, son intelligence, n'est pas comprise dans la constitution dotale. L'industrie est un moyen de fortune, elle est une source de biens, mais non un *bien* proprement dit. Vainement objecte-t-on que la communauté acquiert les bénéfices provenant de l'industrie des époux. La situation n'est pas semblable; dans le régime de communauté, les époux unissent leur collaboration et leurs apports pour former et faire prospérer la Société conjugale. Dans le régime dotal, le mari n'a droit qu'aux fruits des biens dotaux, et l'industrie de la femme n'est pas un de ces biens. Si donc le mari n'a aucun droit aux bénéfices, la conclusion est qu'il ne doit pas davantage être tenu des dettes pour le capital, ni pour les intérêts.

170. Les époux sont-ils mariés sous le régime exclusif de communauté; le mari ne sera point obligé par les actes passés par sa femme avec son autorisation, mais les créanciers de cette dernière pourront saisir la pleine-propriété de ses biens, et le mari sera ainsi atteint dans sa jouissance; mais ses biens propres ne seront jamais le gage des créanciers.

171. L'autorisation a été donnée par la *justice :*

L'autorisation de justice ne peut jamais préjudicier au mari ; les actes passés par la femme, les condamnations prononcées contre elle ne confèrent aux tiers aucun droit de poursuite sur les biens de la communauté, ni sur ceux du mari, sauf les cas exceptionnels prévus par l'article 1427. La jouissance des biens personnels de la femme doit être respectée entre les mains du mari, et des textes nombreux déclarent que les tiers ne peuvent saisir que la nue-propriété de ces biens.

CHAPITRE IV.

DES EFFETS DU DÉFAUT D'AUTORISATION.

172. La sanction de toutes les règles relatives à l'incapacité de la femme mariée consiste en ce que les actes faits par cette dernière sans l'autorisation du mari ou de justice, dans les cas où cette autorisation était nécessaire, sont frappés de nullité. Tel est le principe.

173. Mais il est des hypothèses exceptionnelles où, malgré le défaut d'autorisation, la nullité n'existera pas et la femme sera traitée comme si elle n'avait pas été mariée ou comme si elle avait obtenu l'autorisation. En règle générale, chacun doit s'assurer de la capacité de son co-contractant ; la simple déclaration faite par un incapable ne saurait effacer le vice de son engagement (art. 1307). Mais lorsque la femme a employé des manœuvres frauduleuses pour faire croire qu'elle n'était pas en puissance de mari, lorsqu'elle a produit un faux acte d'autorisation ou de décès, elle s'est rendue coupable d'un délit civil ; pourra-t-elle proposer la nullité des actes passés par elle sans autorisation ? Nous répondrons négativement, parce que le dol de la femme élève contre elle une fin de non recevoir, et que la réparation la plus simple et la plus exacte de ce dol est le maintien de l'engagement lui-même. Quant au mari, il pourra, malgré les manœuvres frauduleuses de sa femme, faire prononcer la nullité de l'acte accompli au mépris de son autorité, s'il arrivait qu'il fut avantageux de rescinder le contrat, tout en payant aux tiers des dommages et intérêts.

174. On discute sur le point de savoir si le défaut de transcription de l'acte de mariage, contracté en pays étranger, sur les registres de l'état civil, dans le délai fixé par l'article 171, enlève à la femme la faculté de proposer la nullité des engagements contractés par elle sans autorisation. Nous répondrons négativement. Nous pensons, avec M. Demolombe, que la femme jouira de cette faculté, sauf le droit des tiers de prouver qu'ils sont tombés dans une erreur excusable, parce que le mariage a été tenu secret par les époux.

175. Supposons que la femme était généralement regardée comme fille ou comme veuve dans le pays qu'elle habitait ; par exemple, elle résidait à Toulouse, tandis que son mari était domicilié à Paris, ou bien le public la croyait veuve sur la foi d'un rapport qui avait accrédité la nouvelle du décès du mari. Dans ces divers cas, l'erreur commune est d'une nature telle,

qu'il faut admettre que les tiers seraient fondés à l'invoquer et à prouver que leur propre erreur est excusable. C'est le principe de la fameuse loi *Barbarius Philippus* (1) qui a toujours été appliqué dans notre ancien Droit. Cette erreur excusable pourrait encore être invoquée si la connaissance de la révocation de l'autorisation n'avait pas pû parvenir aux tiers.

176. En dehors de ces cas exceptionnels l'acte accompli par la femme non autorisée sera annulable mais non pas inexistant. Tant qu'il n'aura pas été annulé par la justice, il sera considéré comme valable. La nullité dont il est atteint n'a pas dans le Droit actuel, le même caractère que dans notre ancien Droit. Elle était autrefois absolue et perpétuelle, ou, à proprement parler, l'acte non autorisé était radicalement nul et toute confirmation ou ratification postérieure impuissante à le rendre valable. Le Code civil a admis une toute autre théorie, la nullité est aujourd'hui relative et temporaire, c'est-à-dire qu'elle ne peut être proposée que par certaines personnes, qu'elle ne peut être demandée en justice que pendant un certain temps et qu'elle est susceptible de ratification ou de confirmation.

SECTION I.

Des personnes qui peuvent invoquer la nullité.

177. C'est un principe certain dans notre Droit moderne que les personnes capables de s'obliger ne peuvent pas invoquer l'incapacité de ceux avec lesquels ils ont contracté (art. 1125). Le maintien ou l'anéantissement du contrat fait par la femme non autorisée sera donc entièrement à la discrétion de celle-ci, non pas qu'elle puisse exiger des tiers l'accomplissement de leur obli-

(1) L. 3, D. *de off. præt.* (1, 14).

gation et se refuser, elle-même à exécuter la sienne propre, mais nous voulons dire qu'il dépendra de la femme que le contrat soit ou ne soit pas maintenu.

178. Le principe d'après lequel le tiers qui a contracté avec la femme ne peut pas invoquer la nullité de l'acte s'appliquera sans difficulté au compromis. Que dirons-nous à l'égard des assignations données par ou contre la femme ? Il est aujourd'hui reconnu que les tiers ne peuvent pas demander la nullité des assignations qui leur seraient données à la requête de la femme non autorisée ; mais ils auront le droit de soutenir que la femme n'est pas recevable jusqu'à ce qu'elle se soit fait autoriser ; ils peuvent aussi appeler le mari en cause et exiger que l'autorisation soit donnée à la femme.

179. Il serait logique d'admettre que les assignations données par les tiers à la femme seule ne fussent pas nécessairement déclarées nulles si le mari a été ensuite mis en cause afin d'autoriser la femme à ester en jugement (1). Cependant la jurisprudence déclare nulles les assignations données à la femme, si le mari n'a pas été aussi assigné lui-même, avant l'expiration du délai utile pour agir contre la femme, comme dans le cas d'un acte d'appel ou d'un pourvoi en cassation. Cette solution est contradictoire avec la précédente par laquelle on admet que l'assignation donnée par la femme est suffisamment régularisée par une autorisation intervenant même après l'expiration du délai.

180. Quant aux jugements, l'adversaire de la femme ne peut les attaquer pour défaut d'autorisation, il ne saurait le faire par voie d'action principale en nullité, ce n'est point un moyen admis par le législateur pour faire tomber les jugements ou arrêts : *voies de nullité n'ont lieu en France*. La femme au contraire pourra faire tomber les décisions rendues contre elle par les voies légitimes d'opposition, d'appel ou de cassation. Mais

(1) Rodière, *l. c.*, t. ii, p. 402.

elle ne jouira pas de la voie de la requête civile car l'autorisation constitue une condition de capacité et non une règle de forme, ce qui serait indispensable pour que l'article 480 du Code de procédure pût être appliqué.

181. Nous venons de suppposer la femme attaquant l'acte qu'elle a accompli sans autorisation et en effet, comme tout incapable elle peut se prévaloir elle-même de sa propre incapacité, c'est là un principe fondamental dans notre Droit, et cette faculté accordée à la femme se justifie quelles que soient la cause et la base de son incapacité. Pour nous, qui admettons que l'incapacité de la femme mariée est établie comme conséquence tout à la fois du respect dû au mari et de la protection réclamée par l'intérêt personnel de la femme et par les intérêts matrimoniaux, nous comprenons sans peine la disposition de l'article 225.

182. Mais n'y a-t-il que la femme qui puisse attaquer les contrats ou les actes passés par elle sans autorisation ? L'article 225 accorde cette faculté à trois autres classes de personnes ; au mari, aux héritiers de la femme et aux héritiers du mari. Nous verrons si les principes généraux ne doivent pas nous faire ajouter d'autres personnes à cette nomenclature.

183. 1° *Le mari.* — Son autorité a été méconnue, il ne faut pas qu'elle ait pu l'être impunément. Indépendamment de cet intérêt moral le mari a un intérêt pécuniaire incontestable, l'intérêt collectif du ménage dont il est le représentant et le gardien.

184. 2° *Les héritiers de la femme.* — Leur droit est simple et évident ; leur intérêt toujours pécuniaire. Ils trouvent dans la succession de leur auteur l'action en nullité qui lui compétait, comme ils y ont trouvé tous les autres biens.

185. 3° *Les héritiers du mari.* — Presque tous les auteurs déclarent inexplicable à l'égard des héritiers du mari, la disposition de l'article 225. L'acte passé par la femme est sans effet à l'égard du mari, *res inter alios acta*; comment comprendre

11

que les héritiers du mari, en *cette qualité*, puissent exercer l'action. Marcadé a imaginé l'hypothèse où la femme aurait renoncé sans autorisation à une succession mobilière qui devait tomber dans la communauté, mais d'autres auteurs contestent, avec raison, la justesse de cet exemple. Sera-t-il donc impossible de trouver un cas dans lequel s'applique la règle de l'article 225? Nous ne le pensons pas, et M. Valette nous fournit, dans son *Cours de Code civil*, un exemple qui nous paraît justifier la disposition du texte. Il faut supposer qu'une femme a renoncé à la communauté : un de ses créanciers invoque l'article 1464 pour faire tomber comme frauduleuse cette renonciation ; les héritiers du mari qui recueillent toute la communauté, la renonciation maintenue, opposent à ce créancier la nullité de l'engagement contracté envers lui par la femme non-autorisée. Vous n'êtes pas créancier, lui disent-ils, car l'obligation de la femme doit être annulée, vous n'avez donc pas qualité pour attaquer la renonciation qu'elle a faite (1).

186. 4° *Les créanciers de la femme ou de ses héritiers* peuvent invoquer du chef de celle-ci l'action en nullité. Cette action ne constitue pas un droit exclusivement attaché à la personne, et l'article 1166 reçoit son entière application. Vainement dirait-on qu'il peut y avoir pour la femme une question de conscience à ne pas attaquer son engagement, question dont les créanciers ne doivent pas être juges ; l'objection n'est pas concluante, car l'intérêt des créanciers doit l'emporter sur les scrupules de la femme, qui auraient pour résultat d'empirer leur position, en leur donnant un co-créancier de plus. Notre législateur ne s'est pas, du reste, laissé arrêter par cette considération ; invoquer la prescription est aussi une question de conscience, et cependant les créanciers peuvent, d'après l'article 2225, l'opposer contrairement à la volonté de leur débiteur.

187. 5° *Les créanciers du mari ou de ses héritiers* peuvent, par application du même principe, intenter l'action en nullité.

(1) Valette, *Cours de Code civil*, p. 387.

188. 6° La caution qui a garanti l'obligation contractée sans autorisation par une femme mariée ne pourra pas invoquer la nullité du défaut d'autorisation. Nos anciens auteurs étaient d'une opinion contraire, mais ils étendaient abusivement la règle du sénatus-consulte Velléien, qui défendait bien de cautionner l'intercession faite par une femme, mais qui ne prohibait nullement le cautionnement de l'obligation contractée par elle pour son propre compte. Les articles 2012 et 2036 supposent, au contraire, qu'on peut cautionner une obligation encore qu'elle puisse être annulée par une exception purement personnelle à l'obligé, ce qui est justement le cas d'une obligation contractée par la femme non-autorisée. Si la caution avait ignoré, par suite d'une erreur excusable, l'incapacité de la débitrice principale, il y aurait lieu de lui permettre d'invoquer la nullité de l'obligation de la femme.

180. 7° Plusieurs auteurs admettent que le tiers, détenteur d'un immeuble hypothéqué par la femme sans autorisation, ne serait pas fondé à demander pour cette cause la nullité de l'hypothèque. Ecartons tout d'abord le cas où le tiers détenteur pourrait invoquer le bénéfice de discussion et renvoyer le créancier discuter d'autres immeubles de la femme (art. 2170) ; supposons qu'il n'y ait pas d'autres immeubles hypothéqués. Nous croyons que, dans ce cas, il faut distinguer entre l'acquéreur à titre gratuit et l'acquéreur à titre onéreux de l'immeuble hypothéqué. La femme a vendu avec autorisation l'immeuble hypothéqué ; si le tiers détenteur était obligé de subir l'action hypothécaire du créancier, il pourrait (art. 1625 et 2178) se retourner contre la femme et, invoquant la garantie qu'elle lui doit, lui réclamer des dommages et intérêts. Il est donc créancier éventuel de cette dernière et en cette qualité il peut, croyons-nous, invoquer, comme tout autre créancier de la femme, la nullité de l'hypothèque. Si l'on adoptait la solution contraire, on arriverait à créer une série de recours dangereux. Le tiers, après avoir payé la dette hypothécaire, se retournerait contre la femme, et

celle-ci aurait à poursuivre son créancier pour obtenir la restitution de ce qu'il aurait reçu ; il est évident que le paiement fait par le tiers détenteur ne peut pas être considéré comme emportant ratification de l'obligation de la femme. Ajoutons que le tiers détenteur aurait encore un autre moyen pour sauvegarder ses intérêts, celui d'appeler immédiatement la femme en garantie. Celle-ci proposerait alors la nullité de ses engagements (1).

Au contraire, le donateur n'étant jamais tenu à garantie sauf le cas de constitution de dot, si la femme a donné l'immeuble hypothéqué, le donataire n'aura pas de recours à exercer contre elle, l'immeuble lui a été donné, déduction faite de l'hypothèque ; si donc il ne doit pas avoir de recours contre elle, il n'y a pas nécessité de lui accorder l'action en nullité.

100. 8° C'est une question depuis longtemps débattue que celle de savoir si, lorsqu'une donation entre-vifs a été acceptée par une femme non autorisée, le donateur peut lui-même invoquer la nullité de cette acceptation. Nous adoptons la négative avec MM. Valette et Demolombe, contrairement à l'opinion de la Cour de cassation. Il faut, pensons-nous, distinguer entre les formes de la donation et la capacité des parties. L'acte notarié avec minute, l'acceptation en termes exprès, voilà les conditions de forme. Si l'acceptation est de l'essence des donations, ce principe n'est point violé dans notre hypothèse. Savoir si cette acceptation a été faite par une personne ayant qualité, est une pure question de capacité personnelle qu'on ne saurait confondre avec les questions de forme, sans méconnaître la nature diverse des dispositions relatives à la forme des actes et de celles relatives à la capacité. Le défaut d'acceptation est un vice de forme que pourra invoquer le donateur, le défaut d'autorisation est un vice de capacité que l'incapable seul peut invoquer (2).

(1) Aubry et Rau, § 472.

(2) Duranton, t. VIII, n° 438. — Valette sur Proudhon, t. II, page 479, Demol., t. IV, n° 318.

101. On vient de voir quelles sont les personnes qui peuvent invoquer la nullité de l'acte accompli par la femme non autorisée ; toute autre personne sera liée par la convention passée avec cette dernière. L'opération conclue avec elle est en quelque sorte boiteuse, la femme étant ou n'étant pas engagée selon son intérêt et même selon son caprice. Si l'acte est annulé, la femme reprend tout ce qu'elle a payé ou livré ; pour elle, elle ne restitue que ce dont le tiers prouve qu'elle s'est enrichie (art. 1312 et 1241).

102. Mais le tiers qui a fait un contrat avec la femme doit-il en accomplir toutes les obligations, ne lui est-il point permis de prendre des garanties contre les chances dont il est menacé par suite de l'incapacité de sa co-contractante ? Sans aucune difficulté, il faut lui reconnaître la faculté de se refuser à exécuter, s'il a juste raison de craindre que l'exécution ne soit pour lui périlleuse. Pressé par la femme de lui payer le prix d'une vente, il peut lui répondre : « Je suis prêt à payer entre vos mains ; mais je veux faire un paiement valable, faites-vous autoriser à recevoir. » Le paiement fait entre les mains de la femme autorisée emportera ratification de la convention précédente, de la vente ; ainsi l'acheteur n'aura pas à craindre que la femme, après avoir dissipé les sommes reçues en paiement, ne fasse annuler le contrat et ne reprenne sa chose sans avoir rien à restituer. Qu'on ne dise pas que le tiers invoque la nullité résultant du défaut d'autorisation ; non, le contrat reste toujours à la discrétion de la femme qui a l'option entre ces deux partis, ou en réclamer l'exécution en se faisant autoriser, ou en demander la nullité ; mais le tiers, avant d'exécuter, a le droit d'exiger de la femme qu'elle donne au contrat pleine validité, afin que l'exécution soit sans danger pour lui.

103. Une question plus délicate est celle de savoir si le tiers a le droit d'interpeller la femme afin qu'elle ait à prendre un parti et à choisir entre la nullité et la validité du contrat. L'affirmative n'est point douteuse dans le cas où le contrat n'a

pas été exécuté. Le tiers n'a qu'une chose à faire, demander l'exécution, il faudra bien alors que la femme se prononce. Mais, si nous supposons le contrat exécuté, le tiers, un acquéreur, par exemple, aura-t-il la faculté d'interpeller la femme pour sortir d'incertitude? La question est très-controversée; la théorie des actions provocatoires ou *ad futurum* n'est pas encore complétement faite. Nous croyons que dans notre hypothèse l'action provocatoire doit être rejetée, car elle ne serait qu'une ratification forcée; or les moyens par lesquels peut se couvrir la nullité résultant du défaut d'autorisation, sont limitativement indiqués par la loi, et la ratification forcée ne figure pas parmi eux. Que propose-t-on? on voudrait que si la femme se refuse à faire son choix, le demandeur puisse faire fixer par le juge un certain délai, une ou deux années, de telle sorte que, faute par la femme de se prononcer dans ce délai, elle se verrait imposer un perpétuel silence. Une telle doctrine nous paraît inadmissible en présence de l'art. 1304 qui donne à la femme un délai de dix années à partir de la dissolution du mariage; restreindre ce délai serait enlever à la femme le bénéfice de cet article.

SECTION II.

Des fins de non-recevoir contre l'action en nullité.

104. La nullité de l'acte juridique, passé par la femme mariée non autorisée, peut se couvrir de deux manières : par la confirmation ou ratification expresse, et par la confirmation ou ratification tacite. Nous n'exposerons pas les règles de la confirmation : elles suffiraient, à elles seules pour fournir le sujet d'une thèse; nous indiquerons seulement en quoi ces règles s'appliquent aux actes faits par une femme non autorisée.

105. La confirmation *expresse* peut avoir lieu pendant le mariage ou après sa dissolution.

I. Confirmation expresse survenue pendant le mariage;
Elle peut émaner de la femme ou du mari.

106. 1° Elle émane *de la femme*. Celle-ci doit évidemment être régulièrement autorisée, sinon l'incapacité qui s'oppose à la validité de l'acte, s'opposerait avec la même force à la validité de la confirmation. — La femme est autorisée par la justice : ce n'est qu'à son égard que la ratification peut être efficace ; elle n'est pas opposable au mari. L'action en nullité qui compète à chacun des deux époux a une existence propre et indépendante. — La femme est autorisée par son mari : la confirmation émane alors à la fois de la femme et du mari ; l'acte est valable à l'égard de l'un et de l'autre ; le vice est complètement effacé.

107. 2° La confirmation émane *du mari*. Si le mari a ratifié seul, sans le concours de sa femme, l'acte n'est valable qu'à son égard, et ne couvre pas la nullité à l'égard de la femme : nous l'avons démontré plus haut.

108. II. Après la dissolution du mariage, la confirmation expresse peut être donnée par la femme seule ou par ses héritiers, par le mari ou par les héritiers de ce dernier, dans les cas où ils ont un intérêt suffisant. Quelques personnes soutiennent qu'après la dissolution du mariage le mari ne peut plus être intéressé dans la question, car, disent-elles, l'intérêt moral, basé sur le respect qui lui était dû, n'existe plus. Cette solution se comprend si l'on voit dans le respect de la puissance maritale la seule cause de l'incapacité de la femme mariée ; mais nous, nous ne saurions l'accepter, car nous pensons que le mari peut, comme ses héritiers, avoir un intérêt pécuniaire à demander après la dissolution du mariage la nullité de l'acte de la femme.

109. Ces diverses ratifications ne peuvent avoir d'effet qu'à l'égard de ceux dont elles émanent, elles ne sauraient enlever aux autres intéressés leur action en nullité.

200. La confirmation *tacite* résulte, soit de l'exécution volontaire, soit de l'expiration du délai de dix ans. L'exécution volontaire peut émaner, soit de la femme, soit du mari. Il faut reproduire ici les distinctions que nous venons de faire ci-dessus pour la confirmation expresse.

201. L'expiration du délai de dix ans emporte aussi extinction de l'action en nullité. Quel est le point de départ de ce délai ? L'article 1304 nous répond : ce temps ne court pour les actes passés par les femmes mariées non autorisées, que du jour de la dissolution du mariage.

202. La prescription est-elle suspendue pendant le mariage à l'égard du mari comme à l'égard de la femme, de telle sorte qu'elle ne commence à courir contre lui qu'à partir du décès de sa femme? La question est controversée. Nous pensons, d'après les règles ordinaires, que, le mari étant libre d'agir pendant le mariage, la prescription court contre lui, dès qu'il a eu connaissance de l'acte de sa femme. La perte de son action en nullité ne portera aucune atteinte aux droits de la femme, dont l'action survivra à celle du mari. MM. Aubry et Rau adoptent une autre opinion. Ces savants auteurs partent de l'idée que l'action de la femme ne saurait survivre à celle du mari, et ils concluent logiquement que la prescription ne peut courir contre ce dernier avant l'époque à partir de laquelle elle court contre la femme. Mais nous avons admis un principe tout contraire, et nous avons soutenu que la ratification postérieure du mari ne peut enlever à la femme l'action en nullité.

203. Quant aux jugements rendus contre une femme non-autorisée, ils ne peuvent être efficacement attaqués, ni par la femme, ni par le mari, après l'expiration des délais dans lesquels doivent être exercés les voies de recours contre les jugements en général.

204. La confirmation expresse ou tacite a, par sa nature même, un effet rétroactif à l'époque à laquelle l'acte a été passé.

Cet ancien contrat conserve sa force du jour de sa date et non du jour de la confirmation. Telle est la conséquence de l'article 1308, qui ajoute que la rétroactivité ne peut pas nuire aux droits des tiers. Par le mot *tiers*, il faut entendre ici ceux auxquels la femme aurait cédé son action en nullité soit expressément, soit tacitement, en leur consentant, antérieurement à la ratification, des droits de propriété, de servitude, d'hypothèque, incompatibles avec ceux qui résulteraient de l'acte ratifié ; mais, dans cette dénomination, il ne faut pas comprendre les créanciers chirographaires de la femme qui prétendraient exercer l'action en nullité, aux termes de l'article 1166. La ratification intervenue leur est opposable, à moins qu'ils ne soutiennent qu'elle est faite en fraude de leurs droits, cas auquel ils sont protégés par l'article 1167.

POSITIONS.

DROIT ROMAIN.

I. L'obligation naturelle peut être prescrite, il en est autrement de l'obligation morale.

II. — Dans le cas de *datio in solutum*, l'action primitive s'éteint *ipso jure*.

III. — Celui qui gère l'affaire d'autrui sans mandat répond de la faute légère *in abstracto*.

IV. — Le gérant qui a agi, *invito domino*, n'a pas l'action *negotiorum gestorum*, mais seulement la *conditio indebiti*.

ANCIEN DROIT FRANÇAIS.

I. — Les Francs, en s'établissant dans la Gaule, gardèrent leurs institutions, mais ils respectèrent celles des Gallo-Romains.

II. — Les fiefs, comme les censives, comportaient deux propriétaires.

III. — La règle du Code civil : « promesse de vente vaut vente » a son origine dans le Droit coutumier.

DROIT CIVIL.

I. — Le légataire universel saisi des biens de la succession en l'absence d'héritier réservataire, est tenu *ultra vires*, des dettes de la succession.

II. — La femme qui a accepté la comunauté n'exerce ses reprises qu'à titre de créancière.

III. — La dot mobilière est, sous certaines restrictions, inaliénable.

IV. — Les servitudes continues et apparentes ne peuvent être établies par la prescription de dix et vingt ans.

PROCÉDURE CIVILE.

I. — Le débiteur ne peut pas d'avance dans le contrat renoncer à invoquer un délai de grâce.

II. — L'étranger défendeur qui ne jouit pas des droits civils en France, ne peut pas exiger du demandeur étranger la caution *judicatum solvi.*

III. — Les femmes peuvent remplir les fonctions d'expert; les étrangers ne le peuvent que dans les cas prévus par les articles 11 et 13 du Code civil.

DROIT CRIMINEL.

I. — En cas de plainte en abus de confiance, le mandat doit être prouvé devant le tribunal de répression suivant les règles ordinaires en matière civile.

II. — La femme accusée d'infanticide et acquittée par le jury, peut être poursuivie devant le tribunal correctionnel pour homicide par imprudence.

III. — Le condamné par contumace n'est pas en état d'interdiction légale.

DROIT COMMERCIAL.

I. — L'associé gérant peut transiger sur tout ce qui se réfère à l'exercice du commerce de la société.

II. — En matière commerciale le juge peut toujours rejeter la preuve testimoniale, s'il la croit dangereuse; à l'inverse il a, en certains cas, le pouvoir d'admettre cette même preuve outre et contre le contenu aux actes soit authentiques, soit sous seing privé.

III. — Lorsqu'une lettre de change fausse est payée par le tiré, la perte retombe sur ce dernier et non sur le porteur de bonne foi.

DROIT ADMINISTRATIF.

I. — Le lit des rivières non navigables ni flottables appartient aux propriétaires riverains.

II. — Le terrain des cimetières ne fait pas partie du domaine public de la commune.

III. — Le tribunal administratif n'est obligé de se dessaisir de l'examen d'un incident appréciable par des moyens de droit commun, qu'autant qu'il soulève une difficulté sérieuse.

Vu :

Le Président de la Thèse,

Gustave DRESSOLLES.

Vu :

Le Doyen de la Faculté,

DUFOUR.

Vu et permis d'imprimer :

Pour le Recteur empêché, l'Inspecteur d'Académie délégué,

VIDAL-LABLACHE.

« Les visas exigés par les règlements sont une garantie des principes et des » opinions relatifs à la religion, à l'ordre public et aux bonnes mœurs (statuts « du 9 avril 1828, art. 11), mais non des opinions purement juridiques, » dont la responsabilité est laissée aux candidats.

» Le candidat répondra en outre aux questions qui lui seront faites sur les » autres matières de l'enseignement. »

TABLE DES MATIÈRES.

DROIT ROMAIN.

ANCIEN DROIT FRANÇAIS.

CODE CIVIL.

De l'incapacité légale de la femme mariée.

CHAPITRE I.

Etendue de l'incapacité légale de la femme mariée.

Première Partie.

Des actes que la femme ne peut faire sans être autorisée.

Deuxième Partie.

Des actes que la femme peut faire sans autorisation.

CHAPITRE II.

De l'autorisation du mari ou de justice.

CHAPITRE III.

Des effets de l'autorisation.

CHAPITRE IV.

Des effets du défaut d'autorisation.

Toulouse, Imp. Louis & Jean-Matthieu Douladoure.